Q&A
電子契約
入門

弁護士 宮内 宏 著

中央経済社

はじめに

コロナ禍の影響もあって，在宅勤務をはじめとするテレワークが広く普及するようになりました。こうした中で，たとえば押印のための出社が，テレワークの阻害要因と認識されるなどに伴って，紙の契約書に代わって電子文書で契約を行う電子契約に注目が集まっています。

電子契約には，テレワークの推進だけでなく，業務効率化に大きなメリットがあります。しかし，まだまだ電子契約の導入に踏み切れない事業者も多いのではないかと思われます。電子契約についての知識を得ることにより，安心して導入できると考えられます。

かつて，文書作成は手書きの時代からワープロが当たり前の時代に移行しました。今となっては，手書きの文書作成に戻るのは，とても考えられないことだと思いますが，紙の契約書から電子契約への移行も同じです。電子契約を本格的に使うようになれば，紙の契約書の利用には戻れなくなるはずです。いわゆるDX（Digital Transformation）の推進により，社会は，この方向に進んでいます。その流れに遅れないように，多くの方に電子契約の導入に踏み出していただきたいと思います。

本書では，電子契約，その法的位置付け，押印の代わりとなる電子署名などを紹介するとともに，実務上の疑問点に答えるものです。電子契約に関連する用語についても説明していますので，電子契約を初めて導入する方から，すでに運用している方まで，多くの方の役に立てるものと考えています。

最後に，本書を書くきっかけを与えてくれるとともに，構成・内容についても有益な助言をくださった株式会社中央経済社の末永芳奈さんに感謝します。

2022年6月

弁護士　宮内　宏

目　次

1 電子契約とは ―― 1

1 電子契約の定義 …… 1

Q1 電子契約とは　1
―契約書や注文書を電子文書で作成する契約のこと

Q2 電磁的記録とは　3
―ディスクやメモリに格納されたデータなどのこと

Q3 電子情報処理組織とは　4
―インターネットで接続されたコンピュータ群のこと

Q4 「自然人」の意味　5
―法人ではない個人のこと

Q5 電子契約と電子署名・電子証明書の関係　6
―電子署名は押印に，電子証明書は印鑑証明書に相当する

2 電子契約のメリット・デメリット …… 7

Q6 電子契約のメリット　7
―最大のメリットは事務処理費用の削減

Q7 電子契約のデメリットとその対処　9
―撤回がやや難しい

Q8 紙文書の管理との比較　11
―紙より電子の方が管理が厳格になるということはない

3 電子契約の利用分野 …… 13

Q9 電子契約の適用分野　13
―建設から始まり，今はほとんどすべての業種・規模の企業に

Q19　契約の相手方は紙，当方は電子文書に電子署名　33
―原則として問題なし

④　**電子署名の仕組みと効力**　34

1　**電子署名の仕組み（押印との対比）**　34

Q20　電子署名とは　34
―押印に代わる電子的な措置

Q21　電子署名（デジタル署名）と押印の関係　36
―紙に対する押印に相当するものが電子署名で公開鍵暗号技術を用いるデジタル署名が主流

Q22　電子署名法とは　37
―民事訴訟での電子文書の証拠力に関する法律

Q23　電子署名の種類　38
―いくつかあるものの，基本的にはデジタル署名のみ

Q24　デジタル署名とは　40
―公開鍵暗号の応用技術

Q25　押印の電子署名への置き換え　43
―押印を電子署名に換えることは可能

Q26　電子証明書を用いない簡易な方式の使用可否　45
―使ってもよいが，確実性には欠ける

Q27　電子署名についてのガイドラインや認定基準　46
―認証業務の認定基準やリモート署名の基準がある

2　**電子署名の法的効力（民事訴訟法228条１項，電子署名法３条）**　48

Q28　電子署名の法的効力　48
―押印と同様な効力

Q29　電子署名法３条の推定効の要件　50
―要件は３つ

Q30 電子署名法３条かっこ書を満たさない（推定の効力を得られない）電子署名の効力　52
—民事訴訟における推定の効力は得られないが，認印（いわゆる三文判）の押印に相当する機能はある

Q31 日本の電子署名の海外での有効性　54
—その国の法制について調査する必要あり

Q32 電子契約や電子署名法に関する判例　55
—現在のところ，まだない

Q33 電子署名法３条以外の方法による真正な成立の証明　56
—別の方法で「本人が本人の意思に基づいて作成した」ことを証明してもよい

Q34 電子署名の検証の必要性　57
—義務ではないが，必ず行うべき

3 **電子証明書とその種類** 58

Q35 電子証明書とは　58
—印鑑証明書に相当する電子的な証明書

Q36 電子証明書の記載内容　60
—本人の属性（氏名，住所，権限その他）のうち発行元が選択したものや，有効期間など

Q37 電子証明書の発行機関　62
—公的機関と民間機関がある

Q38 マイナンバーカードにより行われた電子署名の検証　64
—検証できるのは署名検証者

4 **電子証明書の選択** 66

Q39 パブリック証明書，プライベート証明書とは　66
—パブリック証明書を取得すべき

Q40 電子証明書の選択　68
—たとえば，会社の代表印を用いていた用途には，商業登記制度に基づく電子証明書を用いるのがよい

Q41　認定認証業務の電子証明書とそれ以外の電子証明書の信頼性　71
―それ以外の電子証明書でも推定が得られないわけではないが，訴訟で証明すべき事項が増える

Q42　海外の事業者が発行した電子証明書を用いた電子署名の取扱い　73
―電子署名法３条の規定を満たすものであれば，真正な成立の推定が得られる

5　**電子署名の実現方法と電子契約における選択**　74

1　**概要（本人確認のレベルと，３つの方式）**　74

Q43　電子署名を行う３つの方法　74
―大きく分けて，ローカル署名，リモート署名，立会人型電子署名がある

Q44　ローカル署名，リモート署名の特徴と法的位置付け　76
―電子署名の最も基本的な方法がローカル署名

Q45　リモート署名は本人による署名か　79
―リモート署名は本人による電子署名と考えられる

Q46　立会人型電子署名とは　81
―サーバは立会「人」ではないが，立会人と役割が類似しているため，立会人型電子署名といわれる

Q47　立会人型電子署名は電子署名法２条１項にいう本人の電子署名か　83
―本人の電子署名といえる

Q48　立会人型電子署名による真正な成立の推定　85
―推定を得ることはできるが難易度が高いこともある

Q49　符号及び物件の適正管理と真正な成立の推定の関係　88
―適正管理自体は要件ではない

Q50　電子契約書の受領側の留意点　90
―電子署名の有効性や信頼性を確認

2 本人確認レベル……92

Q51 電子署名利用開始時に行われる本人の身元確認　92
—一般的には，当事者電子署名方式の電子証明書の発行時には厳格，立会人型電子署名における利用者登録時には，簡易な身元確認が多い

Q52 電子署名法3条の推定効と身元確認の関係　95
—厳格な身元確認はサービス事業者の義務ではないが，簡易な身元確認にはリスクがある

3 本人確認レベル及び方式の選択（印鑑の使分けとの対比など）……97

Q53 電子署名の使分け　97
—紙であればどの印章を使用しているかに基づいて決めるとよい

4 社内における電子署名の利用……99

Q54 社内文書への電子署名の利用　99
—取締役会議事録，社内決裁（稟議など），従業員が会社に提出する書類など

Q55 取締役会議事録の電子化　100
—会社法対応なら，認印レベルでよい

Q56 従業員が会社に提出する書類に用いる電子署名の留意点　103
—従業員本人以外でもできる署名（従業員が関与せず，会社だけでできる署名）だと，問題が生じうる

[6] **電子契約書の作成**——104

Q57 紙と比較した契約書の文言　104
—大きな変更は必要ない

Q58 契約の有効期間　106
—有効期間等の内容は，紙か電子かの契約の形式にはかかわらない

Q59 訴訟に備えて準備しておくこと　107
—署名検証が確実にできるための準備が必要

7 電子契約システム ―― 109

1 電子契約システム＝文書の保管と電子署名の実行 …… 109

Q60 電子契約システムとは　109
―電子署名に関するサービス提供の他に，電子署名が関係する電子文書の保管を行う

Q61 電子契約の社内での導入プロセス　111
―業務分析，業務フローの改善，電子契約で行うべき機能の洗い出し

2 契約申込みなどの撤回 …… 113

Q62 意思表示を撤回する方法　113
―紙のように原本の返還はできない

Q63 誤送信の場合の対応　115
―送り先の誤り，送信タイミングの誤り

Q64 契約文書の訂正　117
―修正の覚書を締結するべき

3 代理人や代行者による電子署名 …… 118

Q65 代理人による電子署名　118
―正当な代理権を持つ代理人が，代理人名義の電子署名をすることは有効

Q66 本人が行うべき署名操作の代行の可否　120
―有効なケースが多いが，注意点も

Q67 代行者名義での電子署名の有効性　122
―本人の意思表示を示すものとしては無効と考えられる

4 電子契約システムの変更（他システムへの乗換え） …… 123

Q68 他の電子契約システムに乗り換える際の留意点　123
―従来の電子契約書等がそのままデータベースで管理できるとは限らない

Q69 電子契約システムの廃業に際して必要となる処理　125
―紛争等において，電子契約の成立等について証明できるように，電子契約書だけでなく，それに付随する情報・証明書類等を受領しておく

8 電子契約利用システムの構築 126

1 社内システムへの電子契約の導入 126

Q70 社内システムのワークフローへの電子契約の導入時の注意点 126
―使用しているワークフローと接続できるAPI（Application Programming Interface）を持つ電子契約システムを導入するのが早道

2 顧客企業のシステムへの電子契約の導入 128

Q71 システムベンダの留意点 128
―電子署名の専門業者との協業が効果的

9 電子契約書の長期保存 129

1 契約書の保存期間 129

Q72 電子契約書の保存期間 129
― 一般的な保存期間は決められない

2 電子署名とタイムスタンプ 131

Q73 タイムスタンプとは 131
―第三者機関であるタイムスタンプ事業者が，電子文書の存在時刻を証明するもの

3 電子証明書の有効性・長期署名 134

Q74 電子証明書の有効期間 134
―有効期間内でも失効することがある

Q75 電子証明書の有効性検証 135
―電子証明書を発行した認証局が公開している情報を用いて確認する

Q76 電子証明書の有効期間満了後の電子契約書の有効性 137
―有効期間内に行われた電子署名は，有効期間が終わったあとでも有効だが，有効期間内に行われた署名であることを証明する必要がある

Q77　電子契約書の有効性を維持するための方法　138
—有効性確認情報や電子証明書などをアーカイブしたものにタイムスタンプを施す

10 電子取引と税務 141

1 電子帳簿保存法 141

Q78　電子帳簿保存法とは　141
—税法で保存義務がある帳簿や関係書類の電子的な保存を可能にするもの

2 電子取引とは 143

Q79　電子契約書の税務上の位置付け　143
—電子帳簿保存法にいう電子取引のデータにあたる

3 保存の要件 144

Q80　電子契約書を保存するための方法と注意点　144
—保存場所，保存期間，不正な訂正削除の防止措置及び保存要件を満たす必要がある

4 インボイス制度 147

Q81　インボイス制度と電子契約の関係　147
—2023年10月から導入。取引情報の電子化が促進されそう

5 印 紙 税 150

Q82　電子契約と印紙税　150
—印紙税はかからない

11 トラストサービス 151

1 トラストサービスとは 151

Q83　トラストサービスとは　151
—電子証明書の発行，タイムスタンプの生成，リモート署名サービス，ｅシール証明書の発行など

Q84 トラストサービスの法制化　153
—法律になっているのは電子証明書関係と，電子委任状発行事業者

2 電子証明書タイプの電子委任状（電子委任状法）……155

Q85 代理権限を記載した電子証明書　155
—電子委任状法で，代理人の権限を記載した電子証明書について規定

Q86 電子委任状法が必要な理由　157
—権限の有効性管理

3 eシール……159

Q87 eシールとは　159
—組織による電子署名のようなもので，発行元の確認が行える

4 トラストサービスの検討状況……161

Q88 トラストサービスの枠組みの検討　161
—デジタル庁のもとで検討が進められている

12 令和３年法改正について——162

Q89 令和３年の法改正で電子契約に関連するもの　162
—民法（受取証書の電子化）や宅地建物取引業法（重要事項説明書等の電子化），借地借家法（定期賃貸借契約の電子化）等

付　録

1 電子契約運用規程例　167
2 用 語 集　170
3 関連法令等　174

※本文中に法令名を略称で表示している場合があります。巻末付録の細目次に正式名を【　】で記しましたのでご参照ください。

1 電子契約とは

1 電子契約の定義

Q1 電子契約とは

電子契約とは何ですか。

Aのポイント

☑ 契約書，注文書・請書を電子文書で作成する契約のことを言います。
☑ 取引関係の情報を電子的に授受する「電子取引」の一種です。

解説

電子契約とは，紙の書類に代えて電子文書を作成して契約するものをいいます。契約書を電子的に作成するものだけでなく，注文書及び請書を電子的に作成するものも含まれます。

法令に，電子契約の一般的な定義はありませんが，電子委任状法[1]では事業者が当事者となる契約について，「電子情報処理組織を使用する方法その他の情報通信の技術を利用する方法により契約書に代わる電磁的記録

1 電子委任状の普及の促進に関する法律

が作成されるもの」と定義しています（同法2条2項）。

ここでいう「電子情報処理組織」はインターネット等のネットワークで接続されたコンピュータを，「電磁的記録」は電子文書を指します（詳しくはＱ３及びＱ２をご覧ください）。つまり，契約書を電子文書で作成する形態の契約を電子契約としているわけです。

なお，電子委任状法については「⑪２　電子証明書タイプの電子委任状」（155頁～）で説明します。

電子契約は，電子契約システムやクラウドなどを用いるものだけでなく，メールによる電子文書の授受も含まれます。また，紙で作成した契約書等を印刷・押印したのちにスキャナで電子データを作成し，この電子データを授受するものも電子契約に該当します。なお，FAXで送受信する場合，受信側の機器が自動的に紙を印刷する形態ですと，紙をやりとりしたものとされますが，伝送された情報をそのまま電子的に保存する形態の場合には，電子的なやりとりだとされます。

電子契約を含む広い概念として「電子取引」があり，電子帳簿保存法[2]で「取引情報（取引に関して受領し，又は交付する注文書，契約書，送り状，領収書，見積書その他これらに準ずる書類に通常記載される事項をいう。以下同じ。）の授受を電磁的方式により行う取引」と定義されています（同法2条5号）。つまり，電子取引とは，取引で授受するいろいろな文書の内容を，電子的に授受するものをいいます。契約書も取引書類の一種ですので，これを電子的に授受する電子契約も，電子取引の一種だということになります。なお，電子帳簿保存法は税法の一つで国税関係帳簿や国税関係書類の電子的な保存を可能にするものです。詳しくは「⑩１　電子帳簿保存法」（141頁）で説明します。

2　電子計算機を使用して作成する国税関係帳簿書類の保存方法等の特例に関する法律

Q2 電磁的記録とは

法律等に書かれている電磁的記録とは何ですか。

Aのポイント

☑ 電子文書や電子データで，記憶媒体やメモリ等に格納されているものをいいます。

解説

電子署名法2条1項等，多くの法律で「電磁的記録」を次のように定義しています。

> 電子的方式，磁気的方式その他人の知覚によっては認識することができない方式で作られる記録であって，電子計算機による情報処理の用に供されるものをいう。

電子計算機の情報処理に使う記録ということですので，ファイルやデータのことを指しています。電子的方式，磁気的方式だけでなく，人の知覚できない方式でつくられるものを広く含むものですから，ディスクなどの記憶媒体に格納されたデータや，メモリに格納されたデータなどがすべて電磁的記録となります。ただし，伝送中のデータのように「記録」とは言えないものは含まれないものと考えられます。

Q3 電子情報処理組織とは

法律等に書かれている電子情報処理組織とは何ですか。

Aのポイント

☑ インターネットで接続されたコンピュータ群のことです。

解説

行政手続の場合の例として，情報通信技術を活用した行政の推進等に関する法律6条では電子情報処理組織を次のように定義しています。

> 行政機関等の使用に係る電子計算機（入出力装置を含む。以下同じ。）とその手続等の相手方の使用に係る電子計算機とを電気通信回線で接続した電子情報処理組織をいう。

一般的には，コンピュータが相互にインターネットで接続されて協同して動作するものだと考えればよいでしょう。行政手続の場合には，行政機関のサーバと，申請者等のコンピュータ等（スマートフォンの場合もあります）がインターネットで接続されて，申請等の手続が行われますが，これが電子情報処理組織ということになります。

Q4 「自然人」の意味

法律家が時々口にする自然人とは何を意味するのですか。

Aのポイント

☑ 法人ではない個人のことです。

解説

「人」というのは本来的には個人のことですが，会社などの法人は権利や義務の主体になれるため，人として扱われることがあります。そのような場合に，法人ではない，普通の人間（個人）のことを自然人といいます。法律によって成立する人ではなく，自然に存在する人と理解すればよいでしょう。なお，英語では，自然人を natural person，法人を legal person といいます。

Q5 電子契約と電子署名・電子証明書の関係

電子署名や電子証明書は，電子契約とどういう関係があるのでしょうか。

Aのポイント

☑ 電子署名は紙の契約書に対する押印に，電子証明書は印鑑証明書に相当します。

☑ 契約が成立したことや，契約の内容を証拠づけるために役立ちます。

解説

Q11及びQ13で解説するとおり，契約書や電子契約の作成は，一般的には，契約の成立の要件ではありません。しかし，通常は，契約書を作成して押印して，契約の成立や内容を証明できるようにしています。電子契約の場合には，押印の代わりに電子署名，印鑑証明書の代わりに電子証明書を利用します。電子証明書は，電子署名を行った本人が誰であるかを示すために用いられる電子文書です。

2 電子契約のメリット・デメリット

Q6 電子契約のメリット

電子契約のメリットを教えてください。

Aのポイント

- ✓ ハンコのように物理的位置に限られないため，リモートワークにも対応できます。
- ✓ 印紙代が不要です。
- ✓ 事務処理費用を削減できます。

解説

電子契約では，紙の契約書を作成しないため，物理的な制約から解放されます。たとえば，従来は紙にハンコを押すために，ハンコの保管場所での作業が必要でした。電子契約では，ハンコに代わる電子署名を用いますが，その運用はハンコに比べて自由度が大きいと言えます。また，紙の文書を郵便で受領した場合には，受領場所に人員を配置する必要がありますが，電子契約の場合には，ネットワークを通じて受領文書の確認を行えます。

こうしたことから，電子契約は，在宅勤務をはじめとするテレワークの推進にとって重要な要素になっているといえます。

電子契約のメリットとしては，経済的なものもあります。紙の契約書の場合に収入印紙が必要な契約であっても，電子契約であれば印紙が不要です。印紙税についての詳細は「10 5　印紙税」(150頁) をご覧ください。

このように，さまざまなメリットがある電子契約ですが，おそらく最大のメリットは，事務処理費用の削減です。通常，契約書の内容はワープロ等で電子的に作成しますが，紙の契約書の場合には，印刷，押印及び郵送の手順を踏んで相手方に送付し，相手方でも同様の処理をします。このような手続には多くの人手がかかる上，契約書完成までの日数も多くなります。電子契約であれば，これらの手続は，電子的に簡易かつ迅速に行えます。

また，紙の契約書ですと，原本を厳重に保管する必要があります。紙の契約書は，原本が唯一であり，コピーは原本と同じ価値があるとは言えないからです。紙の契約書では，保管スペースが必要だという問題点もあります。電子契約では，このような問題点を解決できます。「4　電子署名の仕組みと効力」(34頁) で述べる電子署名を用いれば，電子契約書は原本もコピーも同等の価値と証拠としての効力を持ちますので，コピーを遠隔地に保存するなどの方法で消失のリスクを著しく低減できます。また，電子的なものですので，保管のスペースを気にする必要もなくなります。

今日，多くの企業では，社内の決裁にワークフローを用いています。契約書が紙のままですと，社内の処理は電子的に完結しているのに，取引の相手方とのやりとりは紙になってしまいますので，電子化のメリットが制限されてしまいます。電子契約ならば，相手方との授受も含めてすべてを電子化できますので，事務処理費用の削減や，処理の効率化に大きく役立ちます。

Q7 電子契約のデメリットとその対処

電子契約のデメリットと対処を教えてください。

Aのポイント

☑ 撤回がやや難しいことがあげられます。

☑ これがデメリットといえるかどうかはわかりませんが，バックデートができません。

解説

電子契約の場合，契約の意思表示の撤回が紙の場合に比べて難しいといえます。紙の契約書であれば，原本を返還してもらえば撤回が確実になりますが，電子契約の場合には，コピーを残さずに返還するという手続はできません。

電子契約の撤回（見積書等の電子取引書類の撤回も同様）の場合には，相手方に，撤回を受け入れた旨の電子文書を作成してもらう方法や，電子契約システム等の機能を用いて撤回を確実にする（電子契約システム等により，撤回したことと，それを相手方が受領したことを示せるようにしておく）方法がとられます（これについては，Q62（113頁）でも述べます）。

次に，これがデメリットかどうかは疑問がありますが，一般的に，電子契約においてはバックデートができません。バックデートは，実際の契約書作成の日よりも前の日付で契約書を作成することです。電子契約の場合には，電子契約システムの利用や，電子署名の生成などにあたって作成日時を記載し，それが変更できないように処理されます。そのため，過去の日付で電子契約書を作成することはできないのです。

本来，契約書を過去の日付で作成するべきではないのですが，契約書の作成が，実質的な合意の日よりも後になって行われることもあるでしょう。こういう場合には，合意が行われたことを，後の日に契約書で確認したというように考えるのがよいと思われます。

たとえば，４月１日に合意した内容について，４月10日に契約書を作成したとします。ここに，合意日が４月１日であることや，４月１日から合意内容が有効であることを明記するのです。一般的な契約であれば，このような方法で問題は生じないものと思われます。

しかし，契約書などの文書の作成時期が法令で定められている場合（たとえば，下請法[3] ３条における支払条件の明示等）や，契約の内容が第三者に影響を及ぼす場合などでは，契約書作成日よりも前の合意が有効にならないこともあり得ますので，注意が必要です。

3　下請代金支払遅延等防止法

Q8 紙文書の管理との比較

電子化すると，紙文書を扱う場合に比べて管理が厳格になるのでしょうか。

Aのポイント

☑ 電子化そのものによる厳格化はありませんが，紙文書の管理が不十分な場合には，それを改善するために厳格化されることはありえます。

解説

本来，電子化の方が管理が厳格だというようなことはありません。しかし，従来，紙文書における管理について規則がなかったり，あいまいだったりしたために，電子化にあたって管理の見直しが行われることが多いのが実情です。こうしたことから，電子化すると管理が厳格になるというイメージを持つ人がいるのも事実だと思われます。

紙文書に押印するための印章（ハンコ）について，会社等の組織で，用途や決裁権者などを設定し，こうしたルールの下で運用されるのが普通です。たとえば，印章管理規程などの規程を整備し，それに基づく印章の管理が行われます。電子化しても，このような考え方に違いはありません。組織で利用する電子署名について，誰の決裁で電子署名を実施するのか，等を管理する規程をおくことになります（**付録1**に規程例を示します）。

文書の管理についても同様のことが言えます。紙文書の場合には，原本をしかるべき部署で保管します。これに対して，電子文書では，データベース等のコンピュータシステムで管理をすることになります。

紙の場合は，融通を効かせて運用している組織もあろうかと思いますが，本来は，閲覧・複写などの権限のある者だけが利用可能であるはずです。電子化されて，コンピュータ管理になれば，こうした管理が徹底されることになります。以上の点から電子化されると管理が厳しくなるとみられることもありますが，実際には，本来行うべき管理が実現されたものと見るべきです。

3 電子契約の利用分野

Q9 電子契約の適用分野

電子契約はどのような分野で用いられていますか。

Aのポイント

☑ 建設分野からスタートしました。
☑ 銀行などに展開しています。
☑ コロナ禍以降，多くの分野に利用拡大しています。

解説

電子契約が最初に普及したのは建設業です。1991年ころから，EDI（Electronic Data Interchange。専用線などによる組織間のビジネス文書等の通信）の標準化（帳票の標準化などを含みます）が行われており，ASPタイプのシステムについても標準化が進められたため，他の分野よりも速やかに電子契約が普及しました。

2010年代半ばぐらいから，多くの領域に電子契約が導入されるようになりました。たとえば，銀行では，大手の３行が2015年から2017年にかけて融資契約の電子化を進めました。このあたりから，大手企業の購買部門などに展開していきましたが，大手企業と取引先との間での利用が主流でした。この場合，中心となる企業の声がかかりで，その企業と取引がある企業が参加する，いわばハブ・アンド・スポークの形態での広がりだったと言えます。

2020年のコロナ禍を一つの契機として，多くの企業が電子契約を導入するようになりました。現在では，ほとんどすべての業種，ほとんどすべてのサイズの企業に電子契約が進展し，導入企業が増加し続けています。この結果，さまざまな企業間での電子契約が実現され，ハブ・アンド・スポーク型から，メッシュ型の形態に移りつつあるように思われます。

図表1(a)　ハブ・アンド・スポーク型

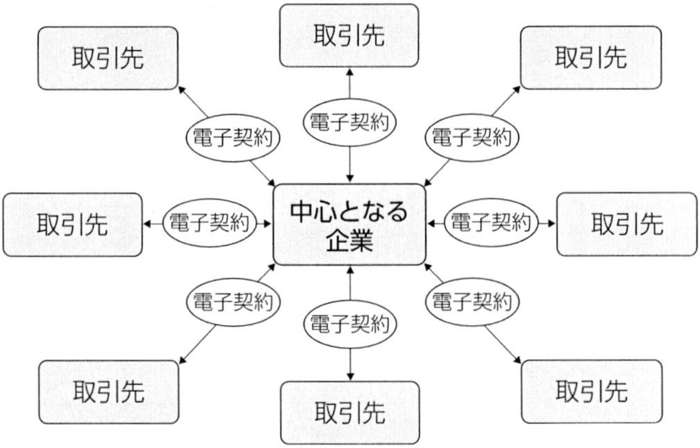

図表2(b)　メッシュ型

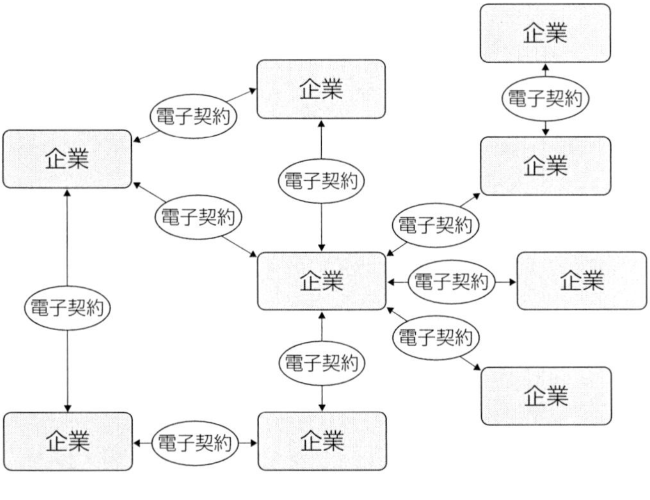

Q10 公的機関との契約

公的機関との契約に電子契約は行われていますか。

Aのポイント

☑ 電子入札後の契約は電子契約で行われています。

☑ 政府・地方公共団体の電子契約の基盤が整っています。

解説

政府と民間との契約は，競争入札を基本としています。政府機関では，調達にあたって，政府電子調達（GEPS）[4]を利用した電子入札を行っています。GEPSを利用するためには，法務局発行の法人代表者の電子証明書（商業登記に基づく電子証明書。Q37を参照）の利用，電子委任状法に基づく電子委任状による入札権限の証明などの方法をとる必要があります。電子入札の結果として落札した場合には，上記の電子証明書等を用いて，電子契約を行うことになります。

なお，政府側は，電子契約書に対して，政府認証基盤（GPKI）にて発行された官職証明書による電子署名を行うのが通例です。

地方公共団体の調達も電子入札が多くなっています。これに伴って，地方公共団体と民間の契約が広がっていますが，これらの契約については，指定された電子証明書に基づく電子署名が必要になります。民間側は，マイナンバーカード搭載の電子証明書，電子署名法に基づく認定認証業務の電子証明書又は商業登記制度に基づく法人代表者の電子証明書による電子署名が必要とされています。また地方公共団体側は，これらの電子証明書

4 https://www.geps.go.jp/

の他に，地方公共団体認証基盤（LGPKI）にて発行された電子証明書なども利用可能になっています[5]。

5　地方自治法234条５項，同施行規則12条の４の２，総務省関係法令に係る情報通信技術を活用した行政の推進等に関する法律施行規則２条２項１号

2 電子契約の有効性

1 原則（民法521条，522条）

Q11 契約の成立要件

契約書を紙で作らなくても大丈夫なのでしょうか。

Aのポイント

- ☑ 多くの契約類型では，契約書は契約の成立要件ではありませんから電子契約が可能です。
- ☑ 通常は，契約書を証拠のために作成します。
- ☑ 訴訟への証拠提出は電子文書でも可能です。

解説

法令に特別の定めがあるときを除いて，契約書は契約の成立要件ではありません（民法522条２項）。

すなわち，契約書を作らなくても，たとえば口頭だけであっても契約は成立します。

しかし，口頭で契約をしてしまうと，紛争が起こったときに，契約の成立や内容について証明するのが難しくなります。そこで，契約成立などの証拠とするために契約書を作成するのが一般的です。

紛争が進展すれば訴訟になることも考えなければなりません。民事訴訟に文書を提出するためには一定の条件（Q28参照）がありますが，これは紙の文書であっても，電子文書であっても変わりません。つまり，契約書を電子的に作成しても，紙と同様に裁判での証拠になるということです。

このように，契約の成立についても，訴訟における証拠についても（例外的なものを除いて）電子契約書で問題はないと言えます。具体的には，「4 2　電子署名の法的効力」（48頁）をご覧ください。

Q12 電子化について外国での法制度

契約書の電子化について外国での法令はどうなっていますか。

Aのポイント

☑ EUでは，eIDASにより，電子文書の効力が認められています。

☑ アメリカは，E-SIGN Actで，電子文書の効力が認められています。

解説

日本においては，多くの場合に契約の電子化が可能ではありますが，電子文書を書面の代替として一般的に認める法制度にはなってはいません。これに対して，EUやアメリカでは，電子的な形態であるというだけの理由で，文書の法的効力や証拠能力を否定してはならない旨の規定があります。

EUのeIDAS[1]46条は

> An electronic document shall not be denied legal effect and admissibility as evidence in legal proceedings solely on the grounds that it is in electronic form.
>
> ＜参考訳＞
>
> 電子文書は，それが電子的な形態であるというだけの理由で，法的効力や法的手続における証拠としての許容性を否定されてはならない。

と規定しています。また，アメリカのE-SIGN Act[2]101条(a)(1)も，

1 REGULATION (EU) No 910/2014 OF THE EUROPEAN PARLIAMENT AND OF THE COUNCIL of 23 July 2014 on electronic identification and trust services for electronic transactions in the internal market and repealing Directive 1999/93/EC

2 The Electronic Signatures in Global and National Commerce Act

a signature, contract, or other record relating to such transaction may not be denied legal effect, validity, or enforceability solely because it is in electronic form.
<参考訳>
署名，契約及び取引に関するその他の記録は，それが電子的な形態であるというだけの理由で，法的効力，許容性又は失効力を否定されてはならない。

と規定しています。

このように，電子文書を紙文書と同等に取り扱う国が増えているといえます。

2 書面を必要とする契約と電子化できる契約

Q13 紙が必要な契約と電子化できる契約の見分け方

紙が必要な契約と電子化できる契約の見分け方を教えてください。

Aのポイント

☑ 次の場合には電子契約が可能です。

① 法令で書面による作成が定められていない場合

② 法令で書面による作成が定められていても，電子文書で代えられる旨の規定がある場合

解説

多くの契約類型について，法令では書面を求めていません。これが，民法522条２項の原則です。この原則によるものが，上記①です。同項の例外として，書面を必要とする法令が存在します。この場合で，電子文書で代えられる規定があるものが②です。

②の例としては，保証契約が挙げられます。保証契約は，債権者（たとえば，金銭消費貸借契約における貸主）と保証人との間の契約で，債務者（借主等）が債務を履行できない場合に保証人が代わって履行することを契約するものです。民法446条２項では，保証契約は書面でしなければ効力を生じないと規定されていますが，同条３項に電磁的記録（電子文書）で代えられる旨が規定されています。

このように，法令で契約に書面を要すると規定されていて，かつ，電子文書で代えられる旨の規定がない場合には，契約書を紙で作成する必要が

あります。

デジタル庁設立に伴う2021年の法改正で，主要な契約書については電子化が認められました。その例としては，借地借家法における定期賃貸借契約が挙げられます（定期借地契約が同法22条，定期建物賃貸借契約が同法38条に規定されており，いずれも書面が必要の旨が規定されていました）。通常の不動産賃貸借は更新できることが原則となっており，貸主からの更新拒絶は，法定の要件を満たしたときのみ可能です。これに対して定期賃貸借契約は更新しない旨を合意するものですので，口頭では契約が成立せず，書面を作成して，確かな合意を行わせる規定になっています。この規定については，改正法が2021年９月１日に施行され，書面に代えて電子契約でも可能となりました。

一部の法律には，まだ書面を要する規定が残っているようです。あまり一般的でない契約書（特定の事業分野における契約書など）を電子化する際には，「書面が必要であって電子契約書で代えられないもの」ではないことを確認するべきです。

なお，契約にあたって公正証書を要するものもあります。たとえば，事業に係る債務（会社の借金等）の保証を行う場合には，原則として公正証書による意思表示が必要です（民法465条の６第１項）。また，事業用定期借地権の設定契約（借地借家法23条）については，引き続き公正証書が必要です。

3 契約書以外に書面が必要な契約

Q14 契約書を電子化できても他に紙が必要な契約

契約書が電子化できても他に紙が必要な契約はありますか。

Aのポイント

☑ 契約時に書面の交付が義務付けられている契約類型があります。

解説

契約書自体は電子化できても，契約時に紙を交付する必要のある契約類型があります。消費者保護などの必要性から，紙を渡さなければならないとされているものなどです。

このようなものの例として，訪問販売における，クーリングオフなどについて記載した書面の交付が挙げられます（特定商取引に関する法律4条）。消費者保護の観点から，このような書面を電子的に交付することには問題があるからです。

最もよく知られているのは，宅地建物取引業法（宅建法）上の重要事項説明書（同法35条）です。宅建業者が仲介する不動産取引においては，契約の重要な事項を説明する書面（紙）を渡して，対面で説明する必要があります。

契約書自体は電子化できますが，旧法では，重要事項説明書は電子化できませんでしたが，改正法が，2022年5月18日より施行され，契約当事者の承諾を得ることにより，重要事項説明書の電子的な交付が可能になりました（宅建法37条4項及び5項）。

この他にも，事業領域に関する法律（業法）には，書面交付義務を定めているものがありますので，ご注意ください。

なお，債権譲渡の契約書は電子化できますが，ここには注意が必要です（Q15参照）。

Q15 債権譲渡契約の電子化の可否

債権譲渡契約は電子化できますか。

Aのポイント

- ☑ 債権譲渡契約自体は電子化可能です。
- ☑ 債務者や第三者に有効性を主張するためには，債務者への通知等であって，確定日付があるものが必要です。
- ☑ 確定日付は公証役場によるもの，内容証明郵便等に限られており，現実的には内容証明郵便によるしかありません。

解説

金銭請求権などの債権は，譲渡禁止特約がない限り譲渡できます（民法466条1項）。債権譲渡契約は電子契約でも構いません。ただし，債権の譲受人が，債務者や第三者に対して自分が譲り受けたことを主張するためには，一定の処置が必要です。債務者に対しては，債権譲渡の事実を，譲渡人から債務者に通知するか，債務者が承諾する必要があります（民法467条1項）。

また，第三者（債権が多重に譲渡された場合の他の譲受人など）に対して自己が真の譲受人であると主張するためには，債務者への通知や債務者の承諾を，確定日付のある証書によって行う必要があります（同条2項）。

確定日付は，内容証明郵便又は公証役場によるものに限られます（民法施行法5条）。実務上は，内容証明郵便による場合が大部分です。なお，Q73にて後述するタイムスタンプには，確定日付の効力はありませんのでご注意ください。

なお，確定日付には，電子公証によるもの（民法施行法5条2項。電子文書にインターネットで送って公証を受けるもの）もありますが，債権譲渡についての通知を行う場合には，通知が債務者に到達したことの証明が必要なので，電子公証による確定日付で行うのは難しいのが実情です。

また，債権譲渡の第三者対抗要件を得るためには，登記による方法もあります（動産及び債権の譲渡の対抗要件に関する民法の特例等に関する法律４条）。

4 業法における規制

Q16 業法における電子契約の規制

さまざまな事業分野における法律（業法）で電子契約についての規制がありますか。

Aのポイント

☑ さまざまな業種において，業法上の制約が課されています。たとえば，下請法，建設業法です。

解説

物品の製造・修理委託や，情報成果物作成・役務提供委託等（政令で規定されたもの）の取引について，親事業者と下請事業者の資本金が一定の条件を満たすと下請法が適用されます。下請法が適用される取引が締結されたときには，親受事業者から下請事業者へ，下請代金の額，支払期日等を記載した署名をただちに交付しなければなりません（下請法３条１項）。ただし，この書面は，下請事業者の承諾を得て電子化できます（同条２項）。

電子的な提供は，電子メール，Webサイトからのダウンロード又は媒体で交付が可能です（下請代金支払遅延等防止法第３条の書面の記載事項等に関する規則２条１項）。提供する情報は印刷して書面を作成できるものである必要があります（同条２項）。

下請法における電子化と同様の条件は，他の法律にも見られますので，まず，これを理解しておくことが重要です。ここでのポイントは，電子化にあたって相手方の承諾を得ること，相手方に送信する方法，相手方がダウンロードできるようにする方法又は媒体に格納して渡す方法のいずれかをとることです。

建設工事の請負契約についても規制があります。これは，技術的な規定を含んだものになっています。

建設請負契約の締結にあたっては，原則として，契約内容を記載した書面を作成し，署名又は記名押印して相互に交付する必要があります（建設業法19条１項)。この書面は，相手方の承諾を得て電子化することが可能です（同条３項)。

書面の代わりとなる電子文書については，建設業法施行規則13条の４に詳しい規定があります。まず，受渡しの方法は，下請法と同様にメール，ダウンロード又は媒体です（建設業法施行規則13条の４第１項)。さらに，同条２項には技術的基準が規定されています。技術的基準は，印刷して書面を作成することができること（同項１号)，ファイルに対する改変の有無を確認できること（同項２号）及び契約の相手方が本人であることを確認することができる措置を講じていること（同項３号）です。この技術的基準については，ガイドライン[3]が公表されており，より詳細な内容が書かれています。

具体的な内容は，見読性の確保と原本性の確保（公開鍵暗号方式による電子署名，電子的な証明書の添付，電磁的記録等の保存）です。電子署名及び電子証明書の添付については，当事者型電子署名（Q44参照）だけでなく，立会人型電子署名（Q46参照）やタイムスタンプ（Q73参照）でもよいとされています[4]。

これは，立会人型電子署名についてはサーバの電子証明書とそれに基づく電子署名があること，タイムスタンプは，タイムスタンプ事業者の電子

3　建設業法施行規則第13条の２第２項に規定する「技術的基準」に係るガイドライン
4　経済産業省のグレーゾーン解消制度により確認されました。

証明書とそれに基づく電子署名があることから，公開鍵暗号方式による電子署名・電子証明書にあたると認められたものです。

3

電子契約の導入

Q17 取引の相手方に電子契約を導入してもらうための工夫

取引の相手方が電子契約を導入してくれるか不安です。どのようにすれば，導入が円滑に進むのでしょうか。

Aのポイント

- ☑ まずは，メリットを説明するべきです。
- ☑ 利用が手軽な方法でスモールスタートがよいでしょう。
- ☑ 電子契約システム（後述[7]）などを用いて手間を最小限にしましょう。

解説

これまでに電子契約を用いたことのない人に，電子契約を導入してもらうのは難しいことが多いのが実情です。こうした人には，まず，電子契約のメリットを理解してもらうのが早道です。特に，紙にハンコを押して郵送する手間を考えると電子契約は非常に便利なことなど（Q6）を紹介するとよいでしょう。その上で，法律的にも有効であることを説明するのがよいと思われます。

ただし，いきなり重要な契約等を電子的に行うことには抵抗が強いでしょうから，最初はスモールスタートで進めることが考えられます。すなわち，比較的簡易な用途に電子契約を用いて，慣れてきたら徐々に範囲を広げていく方法です。電子契約を使い始めれば，その利便性を実感するために長時間は要しませんし，安全性等についても理解が深まっていくものと考えられます。

なお，電子契約のためのソフトウエア等を用意するのは簡単なことではありませんから，電子契約システムを運営している事業者を利用するのがよいと思われます。このようなサービスに登録すれば，他の登録利用者との間で電子契約が可能になりますので，特定の相手方に限らない利用を行えるようになります。こうした過程を経て，電子契約の対象たる契約を拡大してもらうことも重要です。

なお，電子契約システムの事業者や業界団体などが開催しているセミナーなどの受講を通じて理解を深めることも，電子契約を利用してもらうためには有効だと思われます。

Q 18　相手方も同じシステムを利用する必要性

電子契約を導入する場合，相手方も同じシステムを利用している必要がありますか。

Aのポイント

☑ 双方が異なるシステムを利用している場合には，簡単に進まない場合が多いようです。

解説

当事者Aがシステムαを，当事者Bがシステムβを使っているとします。電子契約書の作成やAの電子署名はシステムαに基づいて行われます。電子契約書の書式がαとβとで異なっていると，システムβで処理できない可能性があります。このような場合に，当事者Aはシステムαによる電子署名を行い，当事者Bはシステムβによる電子署名を行うという方法で，相互に利用することは可能です。しかし，システムαの電子署名等が，システムβでは検証や検索の対象にならないことが考えられます。

なお，建設業界の電子契約については帳票の標準フォーマットが策定されていますし，インボイス制度に向けて電子請求書の書式の統一化も検討が進められています。このように，次第に共通化が行われているのが現状ですので，今のところ，当事者双方が同じシステムを使わなければならない場合が多いといえます。

また，電子請求書については，業界団体等でフォーマットの統一が検討されています。

Q19 契約の相手方は紙，当方は電子文書に電子署名

自社側では電子契約を行いたいのですが，契約の相手方が電子署名の準備をしてくれません。当方は電子文書に電子署名，相手方は紙に押印という方法はとれますか。

Aのポイント

☑ 原則として一方は電子，他方は紙でも問題ありません。

解説

Q11で前述したとおり，一方が契約の締結を申し込み，相手方が承諾することにより，契約は成立します。この申込みと承諾の両方が１つの紙や電子文書に記載されている必要はなく，それぞれの意思表示を別々に行っても問題ありません。したがって，一方は電子文書で意思表示をして，相手方は紙で意思表示をすることも可能です。

ただし，一方は紙，一方は電子文書で契約をする場合，当事者双方とも，紙・電子文書の両方を管理することになります。こうした管理は煩雑ですし，電子化のメリットも十分には生かせませんので，できれば双方の意思表示を電子化するべきです。

4 電子署名の仕組みと効力

1 電子署名の仕組み（押印との対比）

Q20 電子署名とは

電子署名とはどういうものですか。

Aのポイント

- ☑ 電子署名は，押印に代わる電子的な措置です。
- ☑ 広い意味での電子署名と，電子署名法でいう電子署名があります。
- ☑ 電子署名法にいう電子署名は，本人によるものであること，電子署名生成後の改変の有無を確認できることが要件となっています。

解説

電子署名は，押印に代わる電子的な措置です。

電子署名という用語は，広い意味では電子文書の作成者を明示するもの全般を言います。このような広義の電子署名には法律上の公式な定義はありませんが[1]，たとえば，タブレットで入力したサインの画像等を電子文書

1 eIDAS 3条10号は電子署名（electronic signature）を，「'electronic signature' means data in electronic form which is attached to or logically associated with other data in

に貼り込む方法や印影の画像を貼り込む方法などが含まれます。

一方，電子署名法では，電子署名を以下のように規定しています（同法2条1項)。これが狭義の電子署名（電子署名法の電子署名）です。

> 電子署名法２条１項
>
> この法律において「電子署名」とは，電磁的記録（中略）に記録することができる情報について行われる措置であって，次の要件のいずれにも該当するものをいう。
>
> 一　当該情報が当該措置を行った者の作成に係るものであることを示すためのものであること。
>
> 二　当該情報について改変が行われていないかどうかを確認することができるものであること。

このうち，１号の作成者に関する要件は，広義の電子署名と同様に作成者を示すものです。２号は，公開鍵暗号方式などを用いて，電子文書の内容が１文字でも変更されると検出できるような仕組みを指しています。このように，電子署名法にいう電子署名（狭義の電子署名）は，作成者の特定と文書の改ざん検知の両方の機能を持つものを言います。

欧米の法制や標準では，広義の電子署名に相当するものをElectronic Signatureと呼んでいます。また，公開鍵暗号方式を利用するものをDigital Signatureと呼びます。どちらも日本語に翻訳すると「電子署名」となりますが，Digital Signatureを「デジタル署名」と訳して，区別をつけることが多いようです。デジタル署名については，Q21をご覧ください。

---

electronic form and which is used by the signatory to sign」と定義している。

Q21 電子署名（デジタル署名）と押印の関係

電子署名（デジタル署名）と押印の関係を教えてください。

Aのポイント

☑ 紙に対する押印に相当する役割を果たすものが電子署名です。電子署名のうちで，公開鍵暗号技術を用いるものをデジタル署名といいます。

解説

電子署名の定義は，Q20で説明したように，電子署名法２条１項にあります。電子情報に対して行う措置であって，その措置（電子署名）を行った者を示すことができることと，電子署名を行った後の改変の有無を確認できることが要件となります。

これを実現する技術的方法はいろいろと考えられますが，その中で主流となっているのがデジタル署名です。デジタル署名は，公開鍵暗号技術を応用するもので，本人だけが持つ秘密鍵と，これに対応する公開鍵を用います。秘密鍵を用いて生成した電子署名データは，公開鍵を用いると検証（正当な電子署名であることの確認）ができます。詳しくはQ24をご覧ください。

Q22 電子署名法とは

電子署名法はどのような法律なのでしょうか。

Aのポイント

☑ 電子署名法は，民事訴訟での電子文書の証拠力に関する法律です。
☑ 電子署名により，真正な成立の推定が得られることが規定されています。

解説

電子署名法は，民事訴訟における電子文書の証拠性に関する法律です（電子証明書発行機関についての規定もあります）。一定の要件を満たす電子署名が行われた電子文書であれば，本人が本人の意思に基づいて作成されたことが推定されます（同法３条）。

この真正な成立の推定が最も主要な規定となっていますが，この他に，電子署名法には，電子署名の定義（２条１項），電子証明書を発行する認証業務についての規定（２条２項，３項，４条以下）などが含まれています。これらの内容については，「4 2　電子署名の法的効力」（48頁）で後述します。

Q23 電子署名の種類

電子署名や電子サインと呼ばれるものにはいろいろなものがあるようです。電子署名にはどんな種類があるのですか。

Aのポイント

☑ 以下のような種類があります。

① デジタル署名（電子署名法にいう電子署名の実現方法は，事実上これだけ）

② タブレット等による手書きのサイン

解説

前述のように，電子署名法２条１項の電子署名には，作成者の特定と文書の改ざん検知の両方の機能が必要です。

現状では，このような条件を満たすものは，公開鍵暗号方式を応用した「デジタル署名」と呼ばれる方式に限られています。デジタル署名については，Q24で説明します。

電子署名法の定義を満たさないものも含む，広い意味での電子署名には，さまざまなものが含まれます。

タブレット等による手書きサインの画像情報を電子文書に埋め込むものや，保存しておいたサインの画像情報を埋め込むものがありますし，タブレット等による手書き署名の情報を，筆跡だけでなく，速度や筆圧を含めて記録する方式もあります。

これらの方法を用いると，電子署名にあたるものを何もつけない場合よりは信頼性が高まります。ただし，電子署名法３条による真正な成立の推定は得られませんので，ご注意ください。

これ以降，本書では，電子署名は，別に断らない限り，デジタル署名又はデジタル署名に基づく方法だけを指すことにします（それ以外の広義の電子署名は対象としません)。

Q24 デジタル署名とは

デジタル署名とはどういうものですか。安全性はどのように確保されているのでしょうか。

Aのポイント

- ☑ デジタル署名は，公開鍵暗号の応用技術です。
- ☑ 秘密鍵と公開鍵のペアを用います。
- ☑ 公開鍵で，電子署名の正当性を検証します。

解説

デジタル署名は公開鍵暗号の応用技術です。

まず，公開鍵暗号について説明します。暗号には大きく分けて2つの種類があり，共通鍵暗号と公開鍵暗号と呼ばれています。

共通鍵暗号では，暗号化の時に使用する鍵（パラメータ）と，復号の時に使用する鍵が同一です。送信者と受信者で秘密情報（共通鍵）を共有しておいて，送信者は共通鍵を使って暗号化を行い，こうして作成された暗号文を受信者は同じ共通鍵を使って復号する，というのが典型的な使い方です。共通鍵暗号の方式で最も広く使用されているものは，米国が2001年に標準化したAESという方式です[2]。

共通鍵暗号の利用上の問題の一つが，送信者と受信者の間で鍵を共有する方法です。たとえば，暗号文を送る通信路と同じ通信路で鍵を送る方法では，盗聴対策になりません（盗聴者は暗号文と鍵の両方を取得し，暗号文を復号できます）。このような鍵共有の問題が，公開鍵暗号の開発の契

2　FIPS 197 https://csrc.nist.gov/csrc/media/publications/fips/197/final/documents/fips-197.pdf

図表3 共通鍵暗号

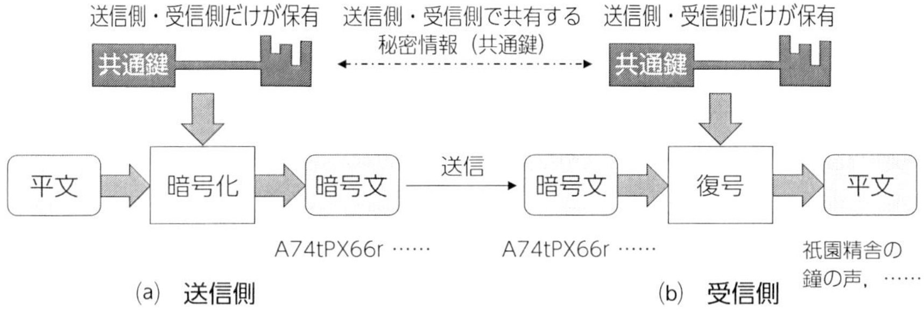

図表4 公開鍵暗号

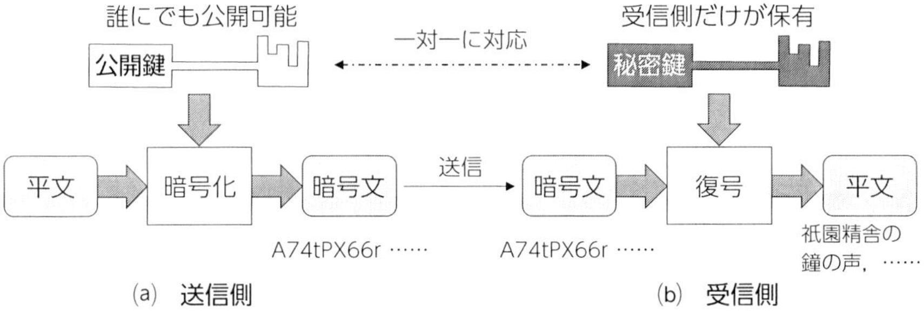

機となりました。

公開鍵暗号では，暗号化のための鍵（暗号鍵）と復号のための鍵（復号鍵）が別のものとして用意されます。この２つの鍵は，密接な関係にあります。暗号鍵を用いて暗号化された暗号文は，復号鍵を用いて復号します。秘密情報の通信にあたっては，受信側で暗号鍵と復号鍵のペアを作成し，暗号鍵だけを送信側に送付します。送信者はこの暗号鍵を使って暗号化を行い，暗号文を受信者に送ります。仮に盗聴者がいて，暗号鍵と暗号文を盗聴したとしても，暗号文の復号はできません。復号鍵を持っている受信者だけが復号できるのです。暗号化のための鍵は他人に知られても問題が

図表５　デジタル署名

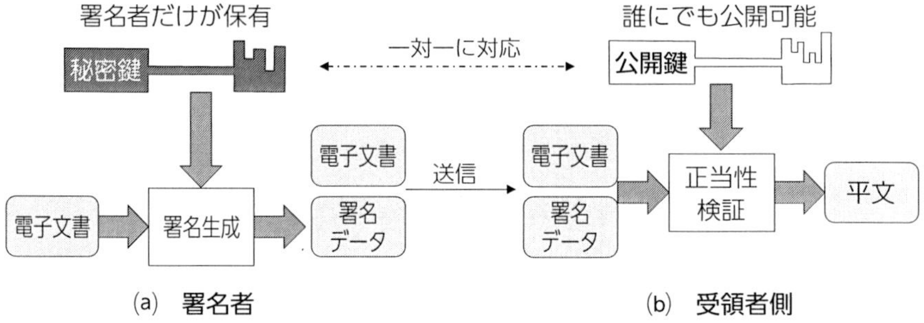

ないので「公開鍵」，復号鍵は秘密に保管する必要があるので「秘密鍵」と呼ばれます。

デジタル署名は，公開鍵と秘密鍵の使い方を逆にしたものと考えることができます。このようなペアを作成した本人は，秘密鍵を秘密に保管し，公開鍵を公開します。その上で，本人は秘密鍵を使って一種の暗号化処理をします。この結果を署名文と言います。このようにしてできたデータは，公開鍵を用いた検証処理（復号処理に相当するもの）を行って，電子署名の正当性を検証します。

Q25 押印の電子署名への置き換え

従来，押印を行っていたものは，電子署名に置き換えることができますか。

Aのポイント

☑ 多くの場面で電子署名に置き換えられます。

解説

法令上，紙が必要で電子化できないような書類は別として，押印を電子署名に換えることは可能だと思われます。ただし，電子化がそぐわないような状況，たとえば，宅配便の受取印のようなものを電子署名で代えるのは簡単ではないでしょう。

電子署名に置き換えるにあたっては，どのような電子署名を用いるかという点について，十分な配慮が必要です。押印では，さまざまな印章（ハンコ）を使い分けているのが通常です。押印が何のために行われるのか，どこまでの信頼性を求めているのか等を考えて，利用開始が容易なものや，最初にしっかりとした身元確認を行うものなどの選択をする必要があります。なお，用途によっては，そもそも押印が不要だったものもあるでしょう。こうした場合には，電子署名を用いないという判断もあり得ます。

なお，押印のなかには，いわゆる角印のように，会社名だけが記載されており，特定の個人と結びついていないものもあります。電子署名は，個人が行うものであり，法人は行うことができないと考えられています（会社の代表者たる個人は電子署名することが可能です）。したがって，会社印・角印のような組織を表す押印は，電子署名には代えられないといえるでしょう。

ただし，電子署名と同じ技術を用いて，会社の押印に相当するものがあります。これは，ｅシールと呼ばれるものです。ｅシールのための電子証明書の発行方法，秘密鍵の管理方法などには，電子署名と異なる点もあります。そのため，ｅシールの実現方法についての考え方がまとめられています（総務省ｅシールに係る指針 https://www.soumu.go.jp/main_content/000756907.pdf）。

Q26 電子証明書を用いない簡易な方式の使用可否

電子証明書を用いない簡易な方式を使ってはならないのでしょうか。

Aのポイント

☑ 使ってもかまいませんが，確実性には欠けることになります。

解説

電子証明書は，電子署名を行った者が誰であるかを証明するために用いられます。電子証明書を用いない方法ですと，電子文書の作成者として記載されている人が，本当に電子署名を行ったのかを証明するのが難しくなります。

Q27 電子署名についてのガイドラインや認定基準

電子署名についてのガイドラインや認定基準はありますか。

A1（認証業務の認定基準）のポイント

☑ 電子証明書発行機関の国による認定制度があります。

解説

電子署名を検証するための電子証明書について，その発行を行う機関（認証局）の認定制度があります（電子署名法４条以下）。

認証業務が認定を受けるためには，設備，利用者の真偽確認，その他の基準を満たすものでなくてはなりません（電子署名法６条）。

設備基準については，電子署名法施行規則４条に規定があります。具体的には，入出上の管理等の必要な措置が講じられている電子計算機で電子証明書の作成・管理を行うこと（同項１号），不正アクセスの防止措置をとること（同項２号），正当な権限を持たないものによる作動の防止措置をとりログを記録すること（同項３号），電子証明書発行用の署名鍵の漏えい等の防止措置をとること（同項４号），停電・地震等の災害の被害を容易に受けないように必要な措置をとること（同項５号）が定められています。

利用者の真偽確認については，電子署名法施行規則５条に規定があります。基本的に，戸籍謄本・抄本又は住民票の写し等を提出した上で，写真付きの公的身分証明書の提示，印鑑証明とそれに基づく押印の提出，又は，本人限定受取郵便を用いる確認のいずれかを行うこととされています。

その他の業務の方法について，電子署名法施行規則６条に規定があります。ここでは，公開鍵や秘密鍵の受渡方法（同条３号，３号の２），電子証明書の有効期限（最大５年。同条４項），電子証明書の記載事項（同条５号），電子証明書失効の処理（同条10号），失効の有無の確認方法（同条11号）など，多くの項目が規定されています。

実際の認定にあたっては，指定調査機関による調査（電子署名法17条）に基づいて，主務大臣（内閣総理大臣及び法務大臣。電子署名法40条１項）が認定します。

A2（リモート署名の基準）のポイント

☑ リモート署名については，民間団体によるガイドラインがあります。

解説

電子署名のための秘密鍵をサーバに預けておいて，署名者の指示に基づいてサーバにおいて電子署名を生成する方法をリモート署名と呼びますが，これについては，JT2Aという団体がガイドラインを公開しています（https://www.jnsa.org/result/jt2a/2020/index.html）。

また，利用者のデジタル署名を行わず，サーバのデジタル署名を行うことにより，利用者の意思を確認する方法である立会人型電子署名については，総務省・法務省・経済産業省が共同で，Q&Aを公表しており，一定の水準を示しています（https://www.soumu.go.jp/main_content/000705576.pdf）。

今後，安全性に基づいて電子署名のレベル分けと，その基準を明確にすることが検討されています（Q84，88参照）。

2 電子署名の法的効力（民事訴訟法228条１項，電子署名法３条）

Q28 電子署名の法的効力

紙の契約書には代表者などが押印しています。電子署名はこれと同等の法的効力はありますか。

Aのポイント

☑ 証拠提出には「真正な成立」（本人の意思に基づいて文書を作成したこと）が求められますが，本人の押印があれば真正な成立が推定されます。押印にはこういう効力があります。電子署名法により，押印と同様な効力が認められています。したがって，電子署名は電子文書の証拠提出に有効です。

解説

民事訴訟において，紙文書や電子文書が証拠としての効力（形式的証拠力）を持つためには，真正な成立を証明しなければなりません（民事訴訟法228条１項）。ここでいう真正な成立とは，その文書の作成者とされる人（本人）が，本人の意思に基づいて作成したことです。たとえば，A氏の誓約書を証拠として提出する場合には，この誓約書をA氏がA氏の意思に基づいて作成したことを証明する必要があります。

一般的には，真正な成立を直接に証明するのは容易ではありませんが，民事訴訟法には推定規定があります。紙の文書については，本人又は代理人の署名又は押印があれば，真正な成立が推定されます（民事訴訟法228条４項）。

これに対応して，電子文書については一定の条件を満たす電子署名が行われていれば，真正な成立が推定されます（電子署名法３条）。

このように，電子署名には，押印と同等の効力が認められていますので，電子文書を証拠として提出する際に有効です。

コラム　本人の署名又は押印

民事訴訟法228条４項は，本人の署名又は押印があれば真正な成立を推定すると規定しています。ある文書に署名又は押印がされていたとしても，訴訟で証拠を提出する者は，それが「本人の」署名又は押印であることを証明しなければ，真正な成立の推定は得られません。実印による押印が行われていれば，印鑑登録証明書で本人のものであると証明できますが，いわゆる認印の場合には，本人のものであることの証明は容易ではありません。証明するためには，本人が押印した他の文書などを使うことになると思われます。署名が本人のものであるかどうかは，筆跡鑑定などによることになりますが，これも簡単ではありません。このような意味で，実印と印鑑証明書という組み合わせが，訴訟での証明のためには有効であり，高い信頼性を持つといえます（銀行届出印のように，印鑑証明書以外の方法で本人の押印だと署名できるものもあります）。電子署名についても，それが本人のものであることを証明する必要があるという，印鑑と同様の問題があります。これについては「4 3　電子証明書とその種類」（58頁）で後述します。

Q29 電子署名法３条の推定効の要件

電子署名法３条によって真正な成立の推定を得るためには，どのような要件を満たす必要があるのでしょうか。

Aのポイント

☑ 電子署名であること，本人のものであること，符号・物件を適正に管理すれば本人以外には署名が生成できないことが要件です。

解説

まず，電子署名法３条の条文を確認しましょう。

> 電子署名法３条
> 電磁的記録であって情報を表すために作成されたもの（公務員が職務上作成したものを除く。）は，当該電磁的記録に記録された情報について本人による電子署名（これを行うために必要な符号及び物件を適正に管理することにより，本人だけが行うことができることとなるものに限る。）が行われているときは，真正に成立したものと推定する。

前半は，情報についての規定です。電磁的記録は，電子文書や電子ファイルを意味します。最初のかっこ内は公文書たる電子文書を除いていますので，対象となるのは，私文書たる電子文書です。証拠として提出される電子文書の多くは私文書ですから，ここが問題になることはまずありません。

後半は，「本人による電子署名（これを行うために必要な符号及び物件を適正に管理することにより，本人だけが行うことができることとなるものに限る。）」により，真正な成立を推定するという規定です（真正な成立についてはQ28をご参照ください)。推定を得るために電子署名が持つべき要件は以下の3点になります。

①「本人による」ものであること ② 電子署名法2条1項に規定する電子署名であること ③ これを行うために必要な符号及び物件を適正に管理することにより，本人だけが行うことができることとなるものに限る

このうちの①は，電子証明書等により，その文書を作成したとされる人(作成名義人)の電子署名だと証明することです。②は，Q20で述べたとおり，本人性と非改ざん性が確認できることです。③は，電子署名に用いる秘密鍵やICカードなどを適正に管理していれば他人に電子署名の偽造ができないような，安全な仕組みを用いていることです。

②が参照している電子署名法2条1項には本人性に関する要件がありますが，これは①にいう「本人による」とは違うものだと考えられています。

2条1項の本人性は，システムの利用者や電子証明書の発行を申請した人など，いわばシステム内での利用者本人であることを言います。

これに対して①の本人は，文書の作成名義人(訴訟において責任を追及されている人)です。

つまり，②の本人性は，システム利用者として登録した本人が電子署名を行ったことを言い，①の「本人による」はシステム利用者が，訴訟で問題になっている人と同一人物(訴訟で問題になっている本人)であることを言います。

信頼できる電子証明書に基づいたデジタル署名であれば，①～③の要件を満たして，真正な成立の推定を得ることができます。①②は上記のとおりです。③はQ48及びQ49で説明します。

Q30 電子署名法３条かっこ書を満たさない（推定の効力を得られない）電子署名の効力

電子署名法２条１項の電子署名の定義には該当するものの３条かっこ書を満たさない（推定の効力を得られない）電子署名は意味がないのでしょうか。

Aのポイント

☑ そのようなことはありません。一定の意義はあります。

解説

３条かっこ書は，推定を得るための要件として，符号（署名鍵）や物件（ICカード等）を適正に保管していれば他人には電子署名ができないことを規定しています。これを満たさない電子署名は，仕組みとしての安全性が保障されません。

こうした電子署名は他人に偽造されない仕組みであるという保証がありませんので，民事訴訟における推定の効力は得られませんが，意味がないというものでもありません。

このような電子署名であっても，認印（いわゆる三文判）の押印に相当する機能はあるものと思われます。

重要性が比較的低めの文書などに，一応，認印を押印することがあるのと同様に，推定効が得られない電子署名をしておくことがありえます。

公的機関への申請等において，電子署名法２条１項の電子署名を要件にしているケースは多数ありますので，このような用途において使用することもあるでしょう。

ただし，紙文書への認印の押印の意義については疑問があり，公的手続においても，廃止の方向にあります。

このような動向からすると，安全性の保証がなく推定効が得られないような電子署名の利用範囲は狭まってくることも考えられます。

Q31 日本の電子署名の海外での有効性

日本の電子署名は海外でも有効性が認められますか。

Aのポイント

☑ 実際に訴訟が行われる国の法制によりますので，一概には言えません。

解説

一般論として，確実な身元確認に基づいて電子証明書が発行され，電子証明書の本人のみが可能な電子署名であることを証明すれば，電子署名の対象の文書が本人の意思に基づいて作成したことを証明できるものと思われます。

ただし，その国の訴訟制度や，証拠の在り方などから電子文書の証拠提出が簡単にいかないケースもあり得ますし，技術的正当性を示すことが困難なこともあり得ます。つまり，事実をしっかり示せれば本人の意思に基づく作成を証明できるものの，いろいろな制約からそれが困難なケースもありえるといえます。

あらかじめ，準拠法を日本法，専属的合意管轄裁判所を日本の裁判所（たとえば東京地方裁判所）にしておけば心配はいらないのですが，交渉上の問題などから相手の国での裁判が予定される場合には，その国の法制について調査する必要があります。今後，EU等とは，電子署名やタイムスタンプなどについて，相互承認の交渉も行われるものと思われます。EUとの相互承認など諸外国との交渉が進めば，それ以外の国においても，日本の電子署名等の効力が認められやすくなるとも期待できます。

Q32 電子契約や電子署名法に関する判例

電子契約や電子署名法に関する判例について教えてください。

Aのポイント

☑ 電子署名の成否について本格的に取り上げられた判例はありません。

解説

電子契約や電子署名が判決で言及されることはあります（Q33参照）が，電子署名法の規定の解釈などに及んだもので公表されたものは，現在のところ見当たりません。電子契約が関係する多くの裁判では，当事者双方が契約の存在を認めているため，裁判所が電子署名の当否を検討する必要がないことも，電子署名法の解釈に踏み込まない理由として挙げられます。なお，海外の裁判例では，立会人型電子署名（Q46参照）について，本人の関与が証明できなかったものもあるようです。

Q33 電子署名法３条以外の方法による真正な成立の証明

電子署名法３条による真正な成立の推定が得られない場合には，真正な成立を証明できないと考えてよいのでしょうか。

Aのポイント

☑ そのようなことはありません。他の方法で真正な成立を証明してもかまいません。

解説

電子署名法３条は，真正な成立を証明するための一つの方法にすぎませんので，別の方法で「本人が本人の意思に基づいて作成した」ことを証明してもよいのです。

具体的には，電子文書作成の経緯や送信方法，当該電子文書の内容に従った言動などから，証明できることも多いと思われます。

たとえば，東京地方裁判所の裁判例（東京地判令和元年７月10日D1-Law.com判例体系29057497，貸金返還等請求事件）では，原告と被告が相互極度貸付契約の電子契約を行っており，被告名義の電子署名について，被告は関与を否認しました。これに対して裁判所は，契約に関連する被告の行動から，契約は成立しているものと認めました。なお，この点について，裁判所は電子署名の成否については判断していません。

Q34 電子署名の検証の必要性

電子署名が行われた電子文書を受領した場合，電子署名の検証を行う必要がありますか。

Aのポイント

☑ 検証は義務ではありませんが，必ず検証を行うようにすべきです。

解説

検証しなくても通常は問題は生じませんが，何らかの事情で，無効な電子署名が送付されてしまうことがないとはいえません。また，受領時点で電子証明書が失効していることもあり得ます。

署名者は電子証明書の有効性について知っているので，通常，失効済みの電子証明書に基づいて電子署名を行うことは少ないとは思われます。しかし，仮に，受領者が電子証明書の有効性検証を省略するような運用を行っていることが外部に知られた場合には，失効した電子証明書に基づく電子署名を意識的に行うような，詐欺まがいの方法がとられるおそれもあります。

したがって，受領時点での電子署名及び電子証明書有効性を検証しておくことと，それを確実にするような運用が必要です。もしも，これを怠って，後日，有効でないことが判明した場合には，事後処理が複雑になりかねませんので，早期の確認が重要です。

3 電子証明書とその種類

Q35 電子証明書とは

電子証明書とは何ですか。

Aのポイント

☑ 印鑑証明書に相当する，電子的な証明書で，本人の氏名等と公開鍵を含んでいます。

解説

電子証明書は，印鑑証明書に相当するもので，電子署名の本人性と正当性を確認するための情報を持つ証明書です。基本的な情報としては，本人の属性情報（氏名など），本人の公開鍵を含んでいます。ここでいう本人の公開鍵は，電子署名生成に用いる本人の秘密鍵と一対一に対応するもので，電子署名の検証に用います。

電子証明書は，印鑑証明書の電子版ともいえるものですが，発行は公的機関だけでなく民間機関でも行われます。これについてはQ37で述べます。電子証明書には，電子証明書の発行機関（認証局）の電子署名が付されています。

電子証明書のフォーマットは，ITU-TのX.509という規格で規定されています。実際には，X.509の電子証明書（最新のバージョンは v3です）のプロファイルとしては，IETFのRFC 5280[3]が参照されるのが普通になっ

3 https://datatracker.ietf.org/doc/html/rfc5280

ています。ここには，電子証明書の記載内容と形式，電子証明書の失効リスト（有効期限前に失効した電子証明書のリスト）の書式等が規定されています。

Q 36 電子証明書の記載内容

電子証明書には何が書かれているのですか。

Aのポイント

電子証明書の記載内容は，技術的には多岐にわたりますが，利用者が知るべき主な情報は次に挙げるものです。

- ☑ 本人の属性（氏名，住所，権限その他）のうち，発行元が選択したもの
- ☑ 本人の公開鍵
- ☑ 電子証明書の発行元及び発行元による電子署名
- ☑ 電子証明書の有効期間

解説

電子証明書には，本人の属性情報，本人の公開鍵，電子証明書の発行元，電子証明書有効期間，電子証明書の有効性を確認するためのURL，電子証明書の用途などが格納されています。

本人の属性といってもいろいろあります。たとえば，氏名，住所，生年月日，性別などがありますが，これ以外にも勤務先や電話番号など多くの情報があります。

電子証明書を発行する認証局では，その認証局が電子証明書に書き込む属性をあらかじめ決めています。実際に電子証明書を発行する際には，それらの属性が正しいかどうかを，免許証などの身元確認資料その他の方法で確認し，確認された情報を記載します。

本人の公開鍵は，電子署名を検証するのに必要な情報です。公開鍵と上記の本人の属性情報とが記載されているため，「この情報（数値）がこの

人（本人）の公開鍵だ」ということが証明されます。したがって，この公開鍵を用いて検証された電子署名は，電子証明書記載の人物によるものだと証明できることになります。

電子証明書には発行元の名称が記載されますが，これに併せて発行元のURLや，電子証明書が途中失効しているかどうかを確認するためのURLも記載されます。

電子証明書は，一般に，１年から５年程度の有効期限を持ちます。たとえば，電子署名法に基づく認定認証業務が発行する電子証明書の有効期間は５年以内（電子署名法施行規則６条４号），マイナンバーカードに搭載されている電子署名機能・本人確認機能のための電子証明書は約５年間となっています。

公開鍵暗号等の技術は日進月歩でして，暗号解読手法（公開鍵から秘密鍵を計算する方法など）の研究も進んでいます。暗号解読に用いる計算機も高速化が進んでいますので，今日現在で安全なものでも将来は安全でなくなる可能性があります。そういう懸念がありますから，一定の期間を区切っておいて，新たな技術で新たに証明書を発行し直すという方法が取られています。

なお，現在使用されている暗号方式は，いずれも，世界最高速の計算機を１年間専用利用しても解読できませんし，そういう状況が20年以上は続くものと推測されています。ただし，ゲート型の量子計算機の大規模なものが実現されれば，短時間での解読が可能になる可能性もあります。こうした動向を専門家が把握し，利用する暗号技術を変更することが行われています。

Q37 電子証明書の発行機関

電子証明書の発行機関について教えてください。

Aのポイント

☑ 電子証明書の発行機関（認証局）には，公的機関と民間機関があります。

解説

公的機関が発行するもので，個人に対するものとして，マイナンバーカードの電子署名機能のための電子証明書があります。これは，地方公共団体情報システム機構が発行するもので，いわば，印鑑証明書の電子版ともいえるものです。このため，マイナンバーカードによる電子署名は，実印と同様の信頼性があります。ただし，マイナンバーカードによる電子署名は，公的機関及び主務大臣[4]の認定を受けた署名検証者に対するものに用途が限られています（公的個人認証法[5]17条参照。署名検証者については，Q38をご覧ください）。

公的機関が発行するものはもう１種類あります。これは，法務局が法人代表者等に発行する電子証明書で，商業登記制度に基づく電子証明書と呼ばれています[6]。これは，登記されている法人の代表者（会社の代表取締役）等の登録印に相当する電子的なもので，登録印（いわゆる会社の実印）に相当する信頼性があります。

民間機関で電子証明書を発行するものには，認定認証業務と特定認証業

4　内閣総理大臣及び総務大臣。
5　電子署名等に係る地方公共団体情報システム機構の認証業務に関する法律
6　商業登記法12条の２

務があります。特定認証業務は，一定の技術的条件（電子署名法施行規則2条）を満たす認証局です（電子署名法2条3項）。その信頼性は，認証局によって異なりますが，認印から銀行届出印程度の信頼性が考えられます。なお，場合によっては実印レベルのものも実現できると思われます。

認定認証業務は，特定認証業務であって，本人の身元確認，電子証明書の発行手続，秘密鍵や秘密鍵を格納したICカード等の受渡方法などについて厳格な基準を満たしているものとして国に認定されたものをいいます（電子署名法4条）。認定認証業務が発行した電子証明書に基づく電子署名であれば，実印に相当する信頼性があります。ただし，認定認証業務の電子証明書の発行を受けるには，戸籍謄本・抄本又は住民票の写しを提出するなど，相当の手間がかかります。

Q38 マイナンバーカードにより行われた電子署名の検証

公的個人認証法の署名検証者とは何でしょうか。総務大臣が認定する署名検証者にならないと，マイナンバーカードによる電子署名を受け取れないのでしょうか。

Aのポイント

☑ 電子署名と電子証明書を受け取ることはできますが，電子証明書が有効なものかどうかを確認することはできません。

解説

電子署名を検証する際には，電子証明書の有効性を検証します（詳しくはQ75を参照）。このためには，電子証明書の発行機関から，電子証明書失効情報（失効の有無を示す情報）を受け取る必要があります。

公的個人認証法は，マイナンバーカードに搭載されている電子証明書の電子証明書失効情報について，入手できる者を限定しています（同法17条）。具体的には，次の者を言います。

① 行政機関等
② 裁判所
③ 行政機関への申請・届出等の手続に関連した事項について，受領，提供等を行う者として行政庁に指定等された者
④ 電子署名法に基づく認定認証事業者（同法８条）
⑤ 電子署名法に基づいて特定認証業務（同法２条３項）を行う者で，総務大臣が認定した者
⑥ これら以外の者で，総務大臣が認定した者

これらの者であって，電子証明書の失効の有無を確認するために，地方公共団体情報システム機構（マイナンバーカードに搭載されている電子証明書の発行機関）に対して，電子証明書失効情報の提供を求めるための届出を行った者を署名検証者（公的個人認証法17条４項）と言います。

署名検証者以外の者は，原則として，電子証明書失効情報を取得できませんので[7]，マイナンバーカードにより行われた電子署名の検証を確実に行うことができません。

しかし，署名検証者に検証を委託する方法で，総務大臣の認定を受けていない事業者も電子署名の検証を行うことができます。すなわち，マイナンバーカード搭載の電子証明書（の発行番号）を事業者から署名検証者に渡して，その電子証明書の有効性を確認してもらうことができます。このような方法を用いれば，自身が認定を受けなくても，マイナンバーカードによる電子署名を受け取って，安全に検証することが可能になります。

なお，地方公共団体情報システム機構に届け出た署名検証者及び署名検証者に委託している事業者は，同機構のWebサイトに一覧表が公開されています[8]。

7　一部の士業団体は，所属している士業のために，それら士業に代わって電子証明書失効情報を取得することができます（公的個人認証法17条５項）。

8　失効情報を提供している民間事業者について https://www.j-lis.go.jp/jpki/minkan/procedure1_3.html

4 電子証明書の選択

Q39 パブリック証明書，プライベート証明書とは

パブリック証明書，プライベート証明書とはどういうものですか。

Aのポイント

☑ マイクロソフトのOSやAdobeなどのアプリケーションが，信頼できるものとしてリストに入れた認証局により発行された電子証明書がパブリック証明書，そうでないものがプライベート証明書とされています。

解説

本来ならば，公的に認められた電子証明書がパブリック証明書，そうでないものがプライベート証明書と考えるべきなのですが，実際には，マイクロソフトのOSやAdobeのアプリケーションが持つリスト（これら企業が信頼できるものと認めた認証局のリスト）に含まれている認証局（又はその下位の認証局）により発行された電子証明書がパブリック証明書とされています。これら認証局は，WebTrust[9]又はETSI[10]の監査などにより，安全性が保障されたものとしてリストに加えられています。

パブリック証明書は，認証局の電子証明書のインストールを行わなくても，Adobe Reader等により署名検証ができますので，利便性が高く，一

9 米国公認会計士協会とカナダ勅許会計士協会によって共同開発された監査プログラム
10 European Telecommunications Standards Institute（欧州電気通信標準化機構）。情報通信技術についてのヨーロッパの標準化組織

定の安全性も確保されています。訴訟等において電子署名の正当性を証明する際にも，特別なツールのインストールを行う必要がなく，一般的なツールで電子署名の検証が行えますから，証明がスムースに進みます。

これに対して，プライベート証明書の場合には，署名検証にあたって認証局の電子証明書をインストールする必要があります。このときに信頼できる認証局であることを確認すべきです。確認せずに電子証明書をインストールすることには一定のリスクがありますから，プライベート証明書はパブリック証明書に比べて，リスクが生じやすいと言えます。

Q40 電子証明書の選択

電子契約を導入しようとしているのですが，どの電子証明書を使えばよいのかがわかりません。電子証明書の選択方法について教えてください。

Aのポイント

☑ ハンコを使い分けているのと同様に，用途の重要性に合わせて選択する必要があります。

解説

Q39までで述べたように，多様な電子証明書がありますが，そこにはメリット・デメリットがあります。マイナンバーカードの電子証明書は，実印レベルの信頼性がありますが，用途が限られています。商業登記に基づく証明書は，用途の限定はありませんが，会社代表者などにしか発行されません。認定認証業務の電子証明書は，実印レベルの信頼性がありますが，発行の手間は大きいです。一方，認定を受けていない特定認証業務は，発行の手間は比較的小さいものの，それに応じて信頼性も低くなります。

個人のハンコであれば，実印，銀行届出印，認印などを使い分けています。会社等においても，代表取締役の登録印，会社で厳格に管理している社印や役職者印，認印などを使い分けています。このような多くのハンコを，用途に応じて使い分けているのが実情だと思います。

電子証明書についても，同様に考えることができます。どの証明書をどの用途に使うかは，最終的には，各個人，各企業の実情に合わせて決めていくことになりますので，ここでは，例としての考え方を示しておきます。

たとえば，会社の代表印を用いていた用途には，商業登記制度に基づく電子証明書を用いるのが良いでしょう。個人の実印を用いてきた用途には，認定認証業務の電子証明書か，（相手方が公的機関か認定検証者の場合には）マイナンバーカードの電子証明書を使用すべきです。

図表6に，紙文書に対する印章（ハンコ）と電子証明書の対比を記載します。

ここで「角印」というのは，企業名等，法人の名称のみが記載されている印章であって，代表取締役等の役職がかかれていないものです。企業等の法人それ自身は意思表示ができず，代表者等の代理人によって意思表示をするとされているため，本来は角印を契約書には使えません。

ただし，その角印が企業内で確実に管理されているものであれば，それが押印された文書は，その企業が発行したものであるという証拠にはなると思われます。

これに相当する電子的措置としては「ｅシール」があります。いわば，企業等の法人の電子署名に相当するもので，電子文書の発行元を証明する役割を持っています。

役職者等の印章（たとえば，○○株式会社関西支社長之印）は，代表者の実印と違って公的に登録等はされていません。しかし，長期にわたって利用し続けている等の事情により，その印章に記載の役職者の意思表示に用いるものだと証明できるような状況であれば，真正な成立の証明にも用いられると考えられます。

これに相当するものとして，特定認証業務から電子証明書の発行を受けることが考えられます。

また，電子委任状法に基づいて，役職者の権限を記載した電子証明書を発行することも可能です（電子委任状法については「11 2　電子証明書タイプの電子委任状」を参照）。

図表６　紙の印章と電子証明書の比較

	紙において 使用していた印章	対応する電子証明書
実印レベル	個人の実印	マイナンバーカードの電子証明書 認定認証業務の電子証明書
	会社代表者の実印	商業登記制度に基づく電子証明書
会社名のみの印章	角印（会社名のみの印章）	eシール（Q87を参照）
会社管理の 役職者印	会社内で管理されている 役職者印（支社長印など）	信頼できる特定認証業務の電子証明書 電子委任状法による電子証明書型電子 委任状（Q85参照）
認印（三文判）等	個人管理の認印	特定認証業務
	ゴム印等	特定認証業務 又は電子署名なし

Q41 認定認証業務の電子証明書とそれ以外の電子証明書の信頼性

認定認証業務の電子証明書を用いれば安心ですが，そうでない電子証明書を用いた場合には，真正な成立の推定は得られないのですか。

Aのポイント

☑ 推定が得られないわけではありませんが，訴訟において証明すべき事項が増えることになります。

解説

認定認証業務においては，電子証明書発行申請者が実在することを，戸籍・住民票などを確認し，かつ，自動車運転免許証などの写真付き公的証明書などにより本人による真正であることを確認します。したがって，電子証明書に基づいて行われた電子署名は，電子証明書記載の本人によって行われたことが証明できます。

認定を受けていない認証業務の場合には，本人による申請に基づいて電子証明書が発行されたことを，何らかの方法で証明する必要があります。一般的には，認証業務が発行している文書等で，どのような身元確認が行われたかを確認します。文書等に書かれているとおりの措置が行われたかどうかに疑いがあるケースでは，認証業務の従業員等の証人尋問が必要になることも考えられます。

もしも，確実な身元確認が行われたと証明できない場合には，別の方法で電子証明書と本人の関係を証明する必要があります。多数の電子署名を当該電子証明書に基づいて行っている場合には，その事実から，本人と電子証明書の関係を示すことができると思われますが，関係を示すことが困難な場合もありえます。

このように，認定認証業務でなくても，確実な身元確認を行って安全な方法を用いていることが示せれば，真正な成立の推定が得られると思われますが，そうでない場合には，真正な成立の推定の前提事実の証明が難しいこともありえます。

Q42 海外の事業者が発行した電子証明書を用いた電子署名の取扱い

海外の事業者が発行した電子証明書を用いた電子署名は，どのように扱われるのでしょうか。

Aのポイント

☑ 電子署名法３条の規定を満たすものであれば，海外の電子証明書に基づくものであっても，真正な成立の推定が得られます。

解説

海外の事業者が発行した電子証明書に基づいて真正な成立の推定を得るためには，その電子署名が２条１項の電子署名の要件を満たすこと，３条かっこ書の安全性を持つこと，本人により行われた電子署名であることを証明しなければなりません。２条１項の要件を満たすことと，３条かっこ書の安全性を持つことについては，電子署名のアルゴリズム等を示すことにより証明できます。

本人性については，電子証明書発行の手続の安全性が問題になります。海外の事業者による身元確認等が正しく行われたことを証明することになりますので，その事業者が発行する書面により証明することになると思われます（外国語の書面は，証拠提出するときに参考訳を付ける必要があります）。英語などの主要な言語であれば，大きな障害はなさそうですが，主要な言語でない場合には，かなりの手間がかかることも考えられます。

このように，電子証明書に係る本人性の証明が，海外事業者の発行した電子証明書の場合のポイントになるものと思われます。

なお，外国との相互承認により，国内でも電子証明書の効力が認められる可能性もあります（国内の証明書の海外における有効性についてはQ31参照）。

5

電子署名の実現方法と電子契約における選択

1 概要（本人確認のレベルと，３つの方式）

Q43 電子署名を行う３つの方法

電子署名を行う方法がいろいろとあると聞いています。具体的にはどんな方法があるのでしょうか。

Aのポイント

☑ 大きく分けて，当事者型電子署名と立会人型電子署名があり，当事者型はローカル署名とリモート署名に分けられます。

解説

当事者型電子署名は，契約等を行う当事者本人の電子証明書と秘密鍵を用いて署名を行うものです。一方，立会人型電子署名は，当事者本人の電子証明書や秘密鍵はなく，サーバの電子証明書及び秘密鍵を用いて電子署名を行うものです。

なお，当事者型電子署名には，当事者本人が管理する環境で秘密鍵を保持し電子署名を行う「ローカル署名」と，秘密鍵をサーバに預けて，サーバにおいて電子署名を実行する「リモート署名」があります。**図表７**に，

3つの方法の概要を示しておきます。これらについては，以下の**Q44**以降で詳しく説明します。

図表7　電子署名実現の3つの方法

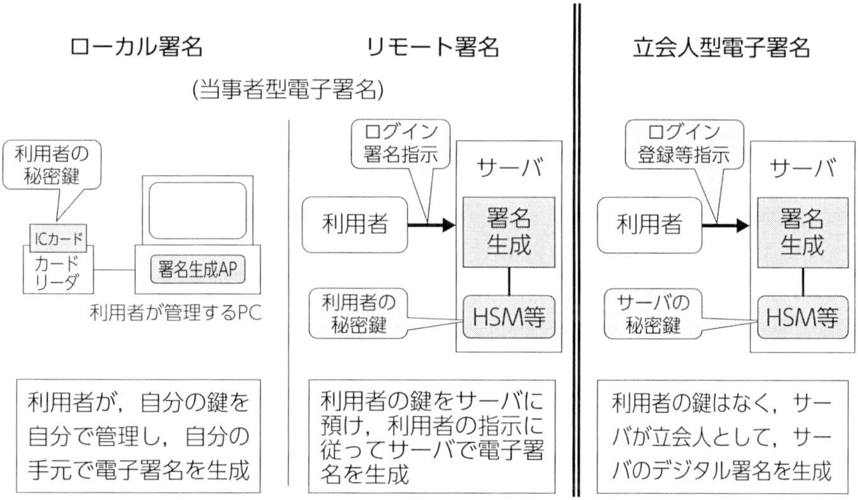

Q44 ローカル署名，リモート署名の特徴と法的位置付け

当事者型電子署名であるローカル署名，リモート署名の特徴と，法的な位置付けを教えてください。

Aのポイント

☑ いずれも，電子署名法における電子署名であり，真正な成立の推定を得られるものと考えられます。

解説

ローカル署名，リモート署名は双方とも当事者型電子署名ですので，利用者（署名を行う者）本人の秘密鍵と電子証明書が発行され，これに基づいて電子署名が行われます。

ローカル署名は，電子署名の最も基本的な方法で，秘密鍵を利用者本人が保管・管理し，利用者本人が管理する環境（計算機，ソフトウエア等）で電子署名を生成します（**図表8**）。秘密鍵は，600桁程度の整数などが使われるため，記憶することは困難です。そこで，秘密鍵をICカードに格納するのが一般的ですが，USBメモリやPC上のファイルで保存する方法もあります。また，最近は，スマートフォンに安全な領域を設定し，そこに秘密鍵を保存することも行われています。

ローカル署名の場合には，利用者自身が管理するソフトウエア等で電子署名の処理を行います。ICカードやスマートフォンなどでは，電子署名を生成するための暗号機能をICカード等の内部に持っていて，署名生成処理をここで行う方法が一般的です。必要な情報を外から入力して，ICカード等の内部で暗号処理を行うということです。この方法ですと，秘密鍵をICカードの外部に出しませんので，強力な秘密保持が可能になります。

図表8　ローカル署名

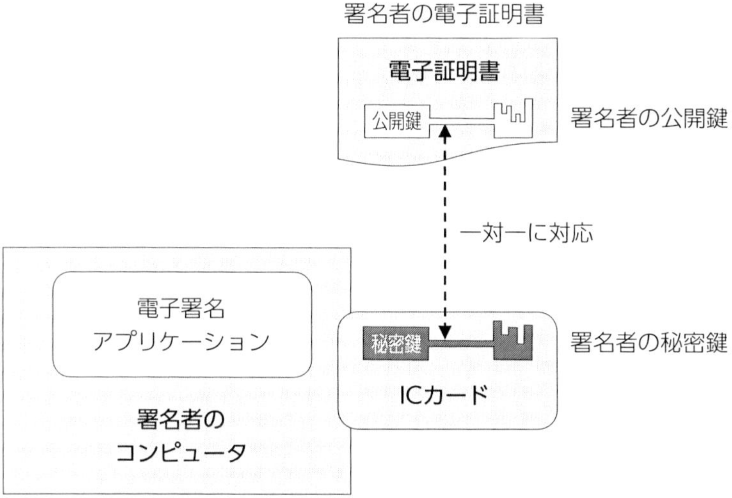

署名者が秘密鍵を管理し，署名者の環境で電子署名を実施

これに対してリモート署名は，利用者の秘密鍵をサーバに預けておいて，随時，これを使用する方法です（**図表9**）。

秘密鍵は，サーバにおいて安全に管理する必要があり，秘密情報保持装置（Hardware Security Module，HSM）などを用いて保管されます。

秘密鍵は，暗号化して保存する方法が一般的で，これを復号するための鍵（PINと呼ばれます）を利用者本人が保持することにより安全性を高めています。リモート署名の基本的なプロセスは以下のとおりです。

① 利用者がサーバにログイン（サーバが利用者を認証）
② 利用者が署名対象の電子文書をアップロード
③ 利用者が署名指示（PIN入力）
④ HSM等に保存された利用者秘密鍵（暗号化した形で保存され，PINで

復号）で利用者のデジタル署名を生成

このように，リモート署名で実際に電子署名を行う場合には，まず，利用者がサーバにログインし，そのログインに基づく安全な通信路で署名対象の電子文書をアップロードします。この電子文書に対する署名生成を，利用者がサーバに指示しますが，このときに利用者はPINを入力します。サーバでは，電子文書とPINをHSMに入力します。HSM内で秘密鍵を復号し，これを用いてこの電子文書に対するこの利用者の電子署名を生成します。

図表９　リモート署名

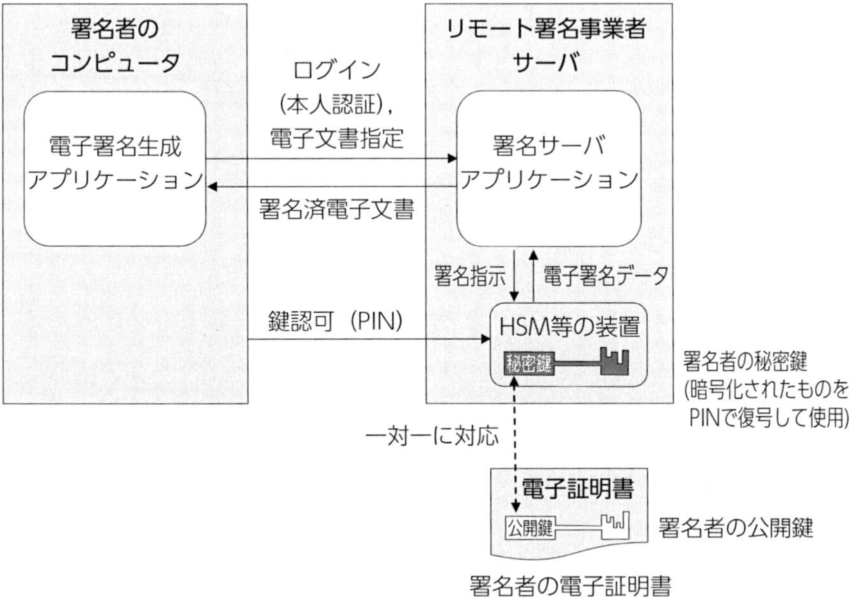

署名者が秘密鍵をサーバに預け，署名者の指示で電子署名を実施

Q45 リモート署名は本人による署名か

リモート署名は，本人による署名として認められますか。

Aのポイント

☑ 他人に実行できない仕組みであれば，本人による電子署名として認められます。

解説

電子署名法3条による真正な成立の推定を得るためには，本人による電子署名であることが必要です。リモート署名の場合には，本人の指示に基づいてサーバが電子署名を行っているので，単純には本人の電子署名とはいえません。

ただし，本人のみの意思に基づいて署名処理が行われるのであれば（サーバ管理者の意図が介在しないのであれば），この処理は本人による処理といってよいと考えられます。

すなわち，ローカル署名で利用者がICカードを道具として利用するのと同様に，リモート署名サーバを道具として利用するという見方ができるということです。

こう考えれば，署名を行う際に，手元のソフトウェアを使うか，ネットワークで接続されたサーバを使うかの違いだけであって，どちらも本人の意思に基づく電子署名といえるものと考えられます。

なお，Q46で説明するとおり，（主として立会人型電子署名に関するものですが）本人の意思だけに基づいてサーバが機械的に行い，サーバ管理者の意思が介在されない場合には本人による電子署名とするという政府見解が示されていますので，この点からも，リモート署名は本人による電子署名と考えることができます。

したがって，リモート署名が本人による署名と認められるためには，本人以外にはできず，他人の意図が介在しないという安全性（固有性ともいわれます）が必要だということになります。

本人だけが可能だという性質は，Sole Controlといわれるもので，そのための要件が検討されています（たとえば，EN 419 241-2）。

わが国でも，経済産業省の電子署名研究会，総務省のトラストサービス検討ワーキンググループでリモート署名の検討が進められてきました。これらの影響のもとに，日本トラストテクノロジー協議会（JT2A）によるリモート署名ガイドラインの作成が進んでいます[1]。また，一般財団法人日本情報経済社会推進協会では，リモート署名による電子契約システムの審査・登録制度[2]を運営しています。

これらの基準に従えば，相当に安全な方式が実現できると思われますので，もしも，民事訴訟で本人によるものかどうかの争いが生じても，本人の意思のみに基づいて行われた電子署名だと証明することは可能になるものと期待されます。今後，公的な基準が規定されれば，それによる認定や監査を受けることにより，より確実に「本人による電子署名」であると認められることになると思われます。デジタル庁の創設を機会に，このような活動が活発化するものと期待されています。

1　https://www.jnsa.org/result/jt2a/2020/index.html
2　JCANトラステッド・サービス登録（電子契約）-リモート署名版-（https://itc.jipdec.or.jp/jcan-trusted-service/remote-signature.html）

Q46 立会人型電子署名とは

立会人型署名とはどういうものですか。

Aのポイント

☑ 利用者の電子署名書を発行せず，利用者がサーバにログインして電子署名を行う意思を示し，利用者の意思を確認したサーバにおいて，サーバのデジタル署名を行うものです。

☑ いわば立会人が契約意思を確認して，その旨を記載して立会人の押印を行うようなものです。

解説

立会人型電子署名は，当事者型電子署名とは違って，利用者（署名者）本人の秘密鍵や電子証明書は用いません。立会人型電子署名の基本的なプロセスは，以下のようになります。

① 利用者がサーバにログイン（サーバが利用者を認証）
② 利用者が署名対象の電子文書をアップロード
③ サーバが利用者を確認した旨を記載
④ サーバのデジタル署名を生成

この手順は，立会人が契約当事者を確認した上で，紙の契約書に契約当事者の氏名を記載し，この契約当事者本人が契約の意思を示したことを立会人が記して立会人が押印する方法と類似しています。

サーバは立会「人」ではない，という指摘もありますが，立会人と役割が類似しているため，立会人型電子署名といわれています。立会人との違いを気にする場合には，「第三者型電子署名」と呼ぶことがあります。ま

図表10　立会人型電子署名

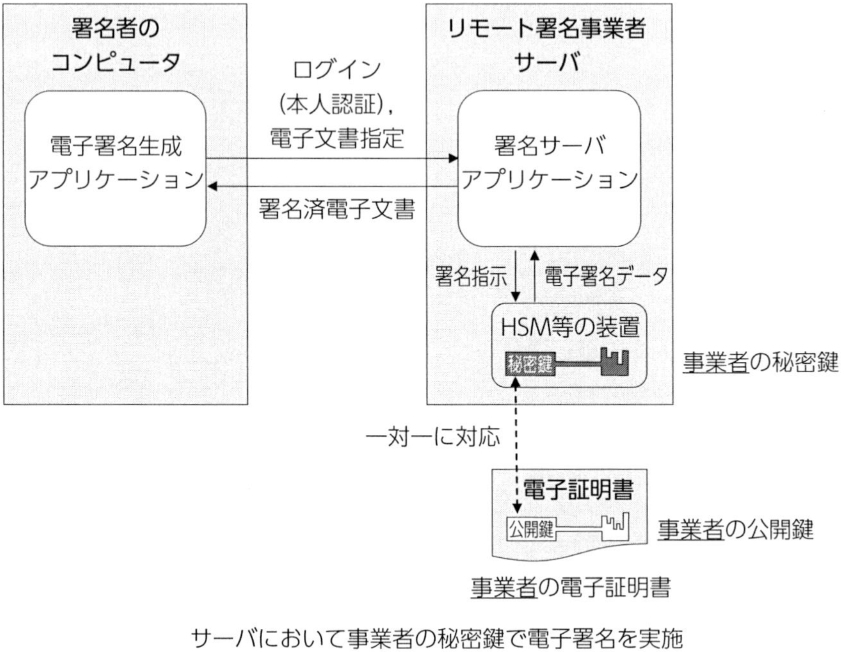

た，サービス事業者によることに注目して，「事業者型電子署名」と呼ぶこともあります。これら，立会人型電子署名，第三者型電子署名及び事業者型電子署名は，すべて同じものを意味しています。

Q47 立会人型電子署名は電子署名法2条1項にいう本人の電子署名か

立会人型電子署名は，電子署名法にいう本人の電子署名といえるのでしょうか。

Aのポイント

☑ そのように認められます。

解説

立会人型電子署名は，サーバによるデジタル署名であり，サーバの秘密鍵とサーバの電子証明書によるものですから，単純に考えると利用者の電子署名ではないように思われます。

ここではまず，電子署名法2条1項の電子署名の定義を確認します。同項は，電子署名とは，作成者を示すためのもの（同項1号）で，改ざん検知が可能（同項2号）な「措置」と規定しています。ここで注目すべきなのは，電子署名とは，署名処理によって生成されたデータではなく，署名処理の措置（プロセス，アクション）をいうということです。つまり，電子署名が誰のものであるか，を論じる場合には，この措置を行ったのは誰か，を考えることになります。

立会人型電子署名のプロセスは，Q46の①～④のとおりですので，これらのプロセスの主体は誰か，という問題になります。この点で，政府は，これらの措置が利用者の意思のみに基づいて行われ，サーバ管理者の意思が介在しない場合には，これら措置は利用者による措置であると認められる旨を示しました[3]。

3 利用者の指示に基づきサービス提供事業者自身の署名鍵により暗号化等を行う電子契約サービスに関するQ&A（https://www.soumu.go.jp/main_content/000697715.pdf）

これにより，立会人型電子署名，すなわちQ46の①～④のプロセス全体が（サーバ管理者の意思が介在しない限りは）利用者の電子署名として認められることとなりました。

Q 48 立会人型電子署名による真正な成立の推定

立会人型電子署名で，電子署名法３条の真正な成立の推定を受けることができますか。

Aのポイント

☑ 一定の要件を満たせば，真正な成立の推定が得られます。ただし，利用者の身元確認について注意が必要です。

解説

明確な結論は出せませんが，安全な仕組みを用いれば推定を得られるものと考えられます。ただし，推定を得るためには「本人による」電子署名であることを証明しなければなりません。立会人型電子署名の場合には，この点が難しくなる可能性があります。

電子署名法３条の推定を得るための要件としては，同条の条文から，次のすべてを満たすことになります（Q29参照）。

① 「本人による」電子署名があること
② その電子署名が，電子署名法２条１項に規定する電子署名であること
③ 「これを行うために必要な符号及び物件を適正に管理することにより，本人だけが行うことができることとなるもの」であること（固有性）

このうち，①は，本来は，その電子文書の作成者，たとえば電子契約書であれば契約当事者の電子署名であることです。立会人型電子署名では，簡易な身元確認（メールの到達確認など）ですませていることが多いため，立会人型電子署名サービスの利用者が契約当事者と同一人物であることを示すのが難しいことがあり得ます。この点については，「5 2　本人確認

レベル」（92頁）を参照してください。

ただし，立会人型電子署名サービスの利用者を「本人」とみれば，身元確認が簡易なものであっても「本人」（サービス利用者）による電子署名とみることも可能です。

このような立場からは，「本人」の身元確認が不十分（契約当事者と結びつけられない）な場合でも，サービス利用者本人による電子署名と言い得ます（契約当事者とサービス利用者との関係の証明は，電子署名法３条とは別の問題としてとらえられます）。

次の②については，Q47で示したように，立会人型電子署名であっても，電子署名２条１項の電子署名であって，利用者によるものであると認められます。

③の要件は，他人には偽造できないこと，すなわち本人に固有のものであることですので，「固有性の要件」と呼ばれています。政府は，固有性について以下の２つの要件に分けられるとしました[4]。

③-１　認証の要件：サーバによる利用者認証が確実なものであること
③-２　内部プロセスの要件：サーバによる処理が他人による署名生成を防止する安全なものであること

これらのうち，③-１について，政府は，二要素認証などの安全な方法を用いれば，要件を充足するとしています。二要素認証は，知識，所持，身体特徴のうちの２つを用いるものです。たとえば，パスワード（知識）と指紋（身体特徴）を用いれば，これは二要素認証です。

立会人型電子署名で多く用いられる方法は，パスワードと，スマート

4　利用者の指示に基づきサービス提供事業者自身の署名鍵により暗号化等を行う電子契約サービスに関するQ&A（電子署名法第３条関係）（https://www.soumu.go.jp/main_content/000705576.pdf）

フォン等によるワンタイムパスワード（特定のスマートフォンに数値等を送付する方法で，スマートフォンの所持を確認するもの）を用いるものです。

すでに，多くの立会人型電子署名サービスが，二要素認証対応になっていますので，そうしたものであれば認証の要件は満たしているといえます。

次に，③-2ですが，こちらは，明確な基準が示されていません。政府見解では，いくつかの参考文献が挙げられていますので，これらから必要な水準を推測することになります。これら参考文献に挙げられているものは，たとえば，電子署名法における認定認証業務の認定基準ですので，相当に安全な設備，管理，運用が要求されるものと考えられます（前掲注4参照）。

Q49 符号及び物件の適正管理と真正な成立の推定の関係

電子署名法３条には電子署名の条件として「これを行うために必要な符号及び物件を適正に管理することにより，本人だけが行うことができることとなるもの」とありますが，符号及び物件とは何ですか。また，真正な成立の推定を得るためには，それらを適正に管理する必要がありますか。

Aのポイント

☑ 符号・物件は，秘密鍵やそれを格納したICカード等を意味します。

☑ 適正管理をすることが要件ではなく，適正管理をすれば他人には実行できないことが要件です。

解説

電子署名法３条かっこ書にいう，符号及び物件は，秘密鍵（符号）や秘密鍵を格納したICカード（物件）などを意味します。つまり，電子署名を行うために必要な秘密情報及びそれに関する媒体や装置などをいいます。

電子署名法３条かっこ書は，本人だけが行うことが「できることとなる」と書かれているとおり，仮に符号及び物件を適正に管理していれば他人には電子署名を偽造できない，という安全な仕組みであることを意味しています。

つまり，適正に管理さえすれば安全だという意味であって，実際に適正に管理しているかどうかは問うていません。

もしも，適正管理が推定効を得るための要件だとすると，電子署名が行われた電子文書を証拠として提出する際には「署名者が適正に管理していたこと」を証明しなければならないことになります。しかし，一般的にはこのようなことは困難ですし，電子署名付き電子文書の受領者にこれを証明させることは過酷ともいえますから，適正管理が要件だとは考えられないのです。

なお，符号や物件を適正に管理しなかったために，他人に電子署名をされてしまったというケースを考えてみます。この場合には，電子署名法3条にいう「本人による電子署名」は行われていないことになります（他人による電子署名だからです）。したがって，他人による使用だとされれば[5]，3条かっこ書の要件には関係なく，真正な成立の推定は得られないことになります。

5 正確には，他人による使用かもしれないと疑われる程度の立証で十分です。

Q50 電子契約書の受領側の留意点

電子契約書の受領側が気を付けるべきことについて教えてください。

Aのポイント

☑ 相手方の身元確認等がどこまで行われているのか確認して，受容できるかどうかを決める必要があります。

☑ 相手方の電子署名の検証を行うとともに，これに係る電子証明書が有効であることを確認します（Q75参照）。たとえばPDFならAdobeのアプリケーション等で行えます。

解説

電子署名のついた電子文書（契約書等）を受け取るに際して，その電子署名が有効かどうか（公開鍵，電子署名データ及び電子文書の関係が暗号的に正しいものかどうか等）を確認するのはもちろんですが，電子署名の信頼性についても確認すべきです。

電子署名の有効性は，署名検証により行います。最も単純な署名検証は，契約当事者が行った電子署名を，当該契約当事者の電子証明書を用いて正当性を確認することです。

しかし，これで行うべきことが尽くされているわけではありません。この他に，その電子証明書が失効していないことの確認（Q75参照），その電子証明書に行われている認証局の電子署名の検証（認証局自体の電子証明書を利用します）などの手順が必要です。このような検証は，一般的なツール（たとえばAdobe Reader）などで行うことができます。

次に，電子署名の信頼性ですが，これは，電子証明書の発行機関の信頼性だと考えてよいと思われます。Q37で述べたように，電子証明書は公的機関が発行するもの，民間機関が発行するものがあり，民間機関のものはその機関によって信頼性に違いがあります。

電子契約書等を受け取るにあたっては，その契約書にふさわしい信頼性をもった電子証明書を用いているかどうかを確認すべきです。

たとえば，重要な契約書に用いる電子署名が，信頼性が低い電子証明書によるものであってはなりませんから，そのような事態にあたっては，相手方に高い信頼性の電子証明書に基づく電子署名を要求すべきです。これは，重要な契約書に認印を押印してきたときに，実印を要求するケースと同様です。

2 本人確認レベル

Q51 電子署名利用開始時に行われる本人の身元確認

電子署名利用開始時に行われる本人の身元確認にはどのようなものがありますか。身元確認の違いはどのような影響があるのでしょうか。

Aのポイント

☑ 公的身分証明書などによる厳格な身元確認や，メールアドレスの確認などの簡易な身元確認があります。

解説

身元確認とは，利用者が実世界の誰であるかを確認する手続です。認定認証業務等で行われる厳格な手続では，戸籍又は住民票の写しを提出した上で，マイナンバーカードや自動車運転免許証などの写真付き公的証明書を対面で確認する方法などがとられています。一方，簡易な身元確認の方法としては，メールアドレスの登録を受けて，そのメールアドレスに秘密の情報を送るものがあります。

身元確認は，電子署名の本人を特定するために重要な役割を持ちます。最初の身元確認が厳格なものであれば，電子署名の本人（証明書記載の者，サービス利用者など）が実世界の誰に対応するのかを証明するのは容易になりますので，真正な成立の推定に必要な，「本人による」電子署名であることが簡単に証明できます。

一方，身元確認が簡易な場合には，実世界の人物との関係を証明するのが簡単ではないことがあり得ます。

一般的には，当事者電子署名方式で用いる電子証明書の発行時には，相当厳格な身元確認が行われています。これに対して，立会人型電子署名における利用者登録時には，簡易な身元確認で済ませているケースが多いようです。

利用開始時の身元確認が厳格であれば，訴訟になったときの本人の特定は容易ですが，利用開始時の手間や時間は多めになります。一方，利用開始時の身元確認が簡易であれば，簡単に利用を開始できますが，訴訟のときの本人の特定には一定のコストがかかる可能性があります。

このように，利用開始時の容易さと訴訟時の本人特定の容易さとの間にはトレードオフがありますので，用途に合わせてサービスを選んでいく必要があります（Q53参照）。

具体的な身元確認レベルとしては，米国のデジタルアイデンティティガイドライン[6]が有名です。このガイドラインでは，身元確認保証レベル（IAL[7]）をIAL 1からIAL 3の３段階で設定しています。

わが国でも，政府が「行政手続におけるオンラインによる本人確認の手法に関するガイドライン」にて，IALを紹介しています。IAL 1は自己表明相当にすぎないもの，IAL 2は相当程度の信用度があるもので対面・遠隔のいずれかで身分証明書等の確認を行うものです。IAL 3は原則として対面により身分証明書等による信用度の非常に高い身元確認を行うものです。

ただし，この区分は，電子署名法の認定認証業務による身元確認とは，必ずしも対応していません。電子署名法の認定認証業務においては，原則として，戸籍謄本・抄本又は住民票の写しを必要とします。戸籍制度等は米国にはない点など，米国における基準がわが国にはなじまない部分があ

6　NIST SP800-63-3 Digital Identity Guidelines
7　Identity Assurance Level

るため，IAL１～IAL３とは異なる点への配慮が必要です。

最も確実な身元確認は，戸籍や住民票に記載の本人（又は，法人登記記載の代表取締役本人）との関係を明確にするものです。このための方法として，戸籍等の提出と，写真付き身分証明書による電子証明書発行申請者の本人確認などが行われています。このような身元確認に基づいて発行された電子証明書であれば，印鑑登録制度における印鑑登録証明書と同等の信頼性があるものと考えられます。

これに対して，特定認証業務（電子署名法２条３項）には，そこまで厳格な身元確認を行わず，より簡便ながら相当に確実な身元確認を行うものが多いようです。たとえば，住民票の写しは要求せず，自動車運転免許証のコピーで済ませる等の方法です。これでも，大抵の用途であれば相当に安全なものと考えることができます。

もっと簡便な身元確認により，電子署名を利用することも考えられます。このような方法についてはQ52で述べます。

Q52 電子署名法３条の推定効と身元確認の関係

電子署名法３条の推定効を得るためには，立会人型電子署名のサービスへの登録においても，厳格な身元確認が必須なのでしょうか。

Aのポイント

- ☑ 真正な成立の推定のためには，契約書の契約名義人と電子署名サービスの利用者の同一性を示す必要があります。
- ☑ 立会人型電子署名サービスによる身元確認だけで，文書の名義人とサービス利用者の同一性を満たさなければならないわけではありません。
- ☑ サービス事業者による身元確認が不十分な場合には，訴訟当事者においてそれを証明する必要が生じます。

解説

簡易な身元確認によるサービスには一定のリスクがありますが，使用してはいけないというものではありません。

Q51で説明したとおり，利用開始時の身元確認が簡易な場合には，訴訟時に本人の特定が容易ではないことがありえます。つまり，訴訟時に，改めて身元確認に相当する措置をする必要が出てくる可能性があります。

このように，訴訟等で証拠として提出するためには，提出の時までには身元確認が必要になるのですが，その身元確認をサービス利用開始時に行わなければならないわけではありません。すなわち，厳格な身元確認は，サービス事業者の義務ではないということです。

このように，利用開始時の確認が簡易ですと，訴訟時に本人の特定ができなくなる可能性があります。たとえば，フリーメールのアドレスしか手がかりがないようなケースでは，本人が誰であるのか特定できないこともあるでしょう。

簡易な本人確認に基づくサービスには一定のリスクが生じますが，そのリスクを認識したうえであれば，簡易な身元確認に基づくサービスを利用しても構いません。

なお，重要な用途等については，あらかじめ本人の身元確認が行われている信頼性の高いサービスを利用するのが妥当であると考えられます。

3 本人確認レベル及び方式の選択（印鑑の使分けとの対比など）

Q53 電子署名の使分け

電子署名の実施方法にもいろいろあるのがわかりましたが，どのように使い分ければよいのでしょうか。

Aのポイント

☑ 訴訟等での証明の容易さと，利用開始の容易さのトレードオフがあります。

☑ どれを選ぶかについては，対象文書の重要性に鑑みて考えます。紙であればどのような印章を使用しているかに基づいて，方式や電子証明書を決めていくべきです。

解説

企業等の組織では，従来，いろいろな種類の印章（ハンコ）を使い分けてきたものと思われます。電子署名においても，これと同様に考えていけばよいでしょう。

印章については，代表者の登録印（実印）のように法務局に印影が登録され，印章も厳格に管理されているものから，銀行届出印，役職印，担当者が手軽に使う認印までいろいろなものがあります。これらは，押印の対象となる文書の重要性に応じて使い分けているのが通常です。

重要な印章については，印章管理規程を定めて組織の管理のもとにおくのが一般的です。印章管理規程には，印章ごとに決裁者が決められており，決裁者による手続を経た文書にのみ押印する仕組みになっています。

電子署名は，このような決裁の仕組みに組み込んで使っていくことになります。その際に，代表者の登録印に対比するものとしては発行手続が厳格な電子証明書に基づく電子署名を使い，担当者の認印に対比するものとしては簡易に利用できる電子署名を使うことになります。すなわち，各レベルの印章に対応して，商業登記電子証明書又は認定認証業務の証明書に基づくローカル署名，特定認証業務の証明書に基づくローカル署名，特定認証業務の証明書に基づくリモート署名，立会人型署名などを割り当てていくのがよいと思われます。

企業等の組織においては，各種電子署名・電子証明書の管理体制，利用対象について，印章管理規程と同様の規程をおくべきです。**付録１**に，規程の例を示しますので，参考にしてください。

4 社内における電子署名の利用

Q54 社内文書への電子署名の利用

社内文書について，電子署名を利用することがありますか。その場合，どのような書類に電子署名を利用するのでしょうか。

Aのポイント

- ☑ 取締役会議事録，社内決裁（稟議など），従業員が会社に提出する書類などがあります。
- ☑ ここでは社内決裁の文書について説明します。取締役会議事録及び従業員が提出する書類についてはQ55，56でお答えします。

解説

社内での多くの決裁は，電子署名を使わなくても十分なこともあると思われます。

電子署名を用いるべきケースは，決裁者の責任を追及する可能性がある場合です。たとえば，役員による稟議であって，違法な決定に賛成した場合には，役員が個人責任を負う可能性があります。

このような可能性のあるケースでは，稟議書への賛否の本人性が強く問われる可能性があるため，電子署名を利用すべきです。

なお，同様なものとして取締役会議事録がありますが，これについてはQ55で扱います。

これとは別に，会社と従業員との間の契約については電子署名が有効です。この点については，Q56で述べます。

Q55 取締役会議事録の電子化

取締役会議事録を電子化できると聞いています。紙の議事録には押印が求められますが，電子的な議事録の場合には何が必要なのでしょうか。社内保管の場合と，登記の添付書類の場合で違いがありますか。

Aのポイント

- ☑ 会社法に対応するためなら，認印レベルでかまいません（法務省見解）。
- ☑ 登記の場合，紙で実印が必要な場合，認印でよい場合について，法務省が定めているので，これに従う必要があります。

解説

取締役会議事録の作成については，会社法369条に規定があり，電子化が可能になっています（同条4項）。電子化にあたっては，紙の場合の記名押印に代えて，出席した役員が電子署名を行うこととされています（会社法施行規則225条1項）。

この場合の電子署名は，電子署名法2条1項と同じ要件が定められていますが，電子証明書の種類などの制限は書かれていません（会社法施行規則225条2項）。

また，紙の場合には，役員の記名押印は認印でもよいとされており，これに対応して，電子署名の場合にも特に制限はないのです。

会社法上の規定については，上記のとおりですが，商業登記の際の添付書面として取締役会議事録を提出する場合には注意が必要です。典型的には，代表取締役就任の登記の際に添付する取締役会議事録です。

この場合には，代表取締役の出席の有無により，押印や電子署名に限定があります。まず，紙の取締役会の場合は次のとおりです。

【代表取締役が出席した場合】

⇨代表取締役は，商業登記制度に基づいて法務局に登録した印鑑（いわゆる実印）による押印

⇨出席した他の役員は，認印で可

【代表取締役が出席しなかった場合】

⇨出席した役員全員の（個人の）実印による押印

電子的に議事録を作成した場合にも，これに準じた形になります。すなわち，紙の場合に実印等が必要なケースでは，それに相当する電子証明書が必要ですが，認印でよいケースでは実印よりも簡易なものが認められています。

【代表取締役が出席した場合】

⇨代表取締役は，商業登記電子証明書，マイナンバーカードの署名用電子証明書又は法務大臣が認めた認定認証業務の電子証明書に基づく電子署名

⇨出席した他の役員は，上記のほか法務大臣が認めた電子証明書に基づく電子署名（立会人型電子署名も含まれている）の利用が可能

【代表取締役が出席しなかった場合】

⇨出席した役員全員の，商業登記電子証明書，マイナンバーカードの署名用電子証明書又は法務大臣が認めた認定認証業務の電子証明書に基づく電子署名

法務大臣が認めた電子証明書等については，法務省のWebサイト[8]を確

8 商業・法人登記のオンライン申請について（http://www.moj.go.jp/MINJI/minji60.html）

認してください。

なお，取締役会での決議について，取締役会議事録に異議が記載されていない出席取締役は，その決議に賛成したものとみなされます。

万が一，決議内容が違法なものだった場合には，それら取締役は個人責任を負う可能性があります。こうした責任を明らかにするためには，登記に使用するものでなくても，信頼性の高い電子署名を用いることが有効だと考えられます。

図表11　登記添付書類としての取締役会議事録への電子署名に必要な電子証明書

	代表者	代表者以外の役員
代表者が出席した取締役会の議事録	**実印相当の電子証明書** （商業登記電子証明書，マイナンバーカードの署名用証明書，又は，法務大臣が認めた認定認証業務の電子証明書など） ※書面の場合には実印が必要	**実印相当の電子証明書**（左記）**又は法務大臣が認めた電子証明書**（立会人型電子署名も含まれる） ※書面の場合には認印も可
代表者が出席しなかった取締役会の議事録	－	**実印相当の電子証明書** （商業登記電子証明書，マイナンバーカードの署名用証明書，又は，法務大臣が認めた認定認証業務の電子証明書など） ※書面の場合には実印が必要

Q56 従業員が会社に提出する書類に用いる電子署名の留意点

従業員が会社に提出する書類に用いる電子署名について，注意すべき点はありますか。

Aのポイント

☑ 従業員本人だけができる署名ではない場合（従業員が関与せず，会社だけでできてしまう署名の場合）には，問題が生じえます。

☑ 管理部門を分離するなどの措置があると有利です。

解説

従業員と会社との契約について，ワークフローなどのシステムを使って行うことを考える人がいるかもしれません。しかし，ワークフローのように会社自体が管理しているシステムの場合，社員の意思表示が，その社員によって行われたのか会社が捏造したのかの区別が難しくなります。

このようなケースでは，社員に対して第三者たる認証局が電子証明書を発行し，社員がこれに基づいて電子署名をすることにより，その社員の意思表示であることを示せるようになります。同様に，社員が会社に差し入れる誓約書等についても，電子署名が有効です。

第三者による管理や，電子証明書の発行を行う方法の他に，ワークフロー等のシステム管理部門を通常の部門と完全に分離し，独立に運用する方法も考えられます。第三者に比べれば，若干は信用性が落ちますが，専任の管理者が通常の業務として行っていれば，かなりの信頼性は維持できますので，会社が捏造しているとの疑念を払しょくできることができると考えられます。

6

電子契約書の作成

Q57 紙と比較した契約書の文言

電子契約の場合，契約書の文言を変える必要はありますか。

Aのポイント

☑ 大きな変更は必要ありませんが，変更しなければならない部分もあります。

解説

多くの契約書には，後文として「本契約書の成立を証するため本書２通を作成し，甲乙それぞれ記名押印の上，各１通を保存する」等の文言が書かれていると思います。これは，電子契約書の場合には変更が必要です。たとえば

本契約書の成立を証するため，本書を電磁的記録により作成し，甲乙それぞれ電子署名を行い，各自がこれを保有する。

等の文言になります。

なお，契約変更の規定として，書面による合意によってのみ変更可能，と書かれている契約書が多いのですが，電子署名が行われた電磁的記録に

より変更できる旨にするのがよいでしょう。これ以外の部分に，紙文書の受渡しが規定されている場合には，そのような手続の電子化を検討して，契約書の内容に盛り込むべきです。

Q58 契約の有効期間

契約の有効期間について，紙と同様に自動更新の条項を入れておけばよいのでしょうか。

Aのポイント

☑ 契約の有効期間等の内容は，紙か電子かといった契約の形式にはかかわりません。

解説

従来，紙で契約してきた契約内容のうち，契約の電子化に関係する文言，たとえば「本書２通を作成」のような文言は電子契約にふさわしい文言に変更する必要があります。しかし，それ以外の条項，特に，契約の具体的内容に関する条項を変更する必要はありません。

ただし，Q57でも述べたように，契約実行時に受け渡す文書については，なるべく電子化するのがバランスがよいと思われます。

Q59 訴訟に備えて準備しておくこと

訴訟に備えて準備しておくことはありますか。

Aのポイント

☑ 電子契約書が証拠として有効になるための措置が必要です。

解説

まず，電子証明書の有効期限後であっても電子署名を検証できるようにしておく必要があります。このためには，長期署名（Q77参照）が効果的です。多くの電子契約システムで長期署名の措置をサポートしていますので，これを利用するのがよいでしょう。

次に，認定を受けていない特定認証業務が発行した電子証明書については，本人の身元確認などが適正に行われたかどうかの疑いが生じる可能性がありますので，電子証明書発行時の身元確認情報等を取得できるようにしておく必要があります。

通常は，特定認証業務の規約でこのような手続が規定されていますので，これを確認するとともに，特定認証業務が廃業するような場合には，廃業前に証明のための情報・文書等を取得しておく必要があります。

リモート署名や立会人型電子署名については，現在のところ認定制度がありませんので，サーバが正しく運用されていることの証明をするための情報をこれらの事業者から得られるようにしておく必要があります。

また，立会人型電子署名では，事業者は署名者についての身元確認情報を持っています（身元確認の確実性は事業者によって異なります）ので，これを取得できるようにしておく必要があります。これらの取得についての注意点は，上記の認定を受けていない特定認証業務と同様です。

さらに，電子契約書のバックアップも重要です。自社で管理している場合には，遠隔地にバックアップを持つ必要があります。また，電子契約システム等を利用している場合でも，万一の滅失に備えて，自社でもバックアップを取っておくべきです。

特に，電子契約システムが廃業するような場合には，廃業前にダウンロードして保存する（又は，他の業者で保存する）必要があります（Q69参照）。

7

電子契約システム

1 電子契約システム＝文書の保管と電子署名の実行

Q60 電子契約システムとは

電子契約システムとはどういうものですか。どのような機能を持っているのでしょうか。何をどのように保証してくれるのでしょうか。

Aのポイント

- ☑ 電子署名に関するサービス提供の他に，電子署名が関係する電子文書の保管を行います。
- ☑ 電子署名に関する紛争発生時には，一定の協力をしてくれるのが普通です。

解説

電子契約書の作成・保存，電子契約書への署名の付与，相手方への通知等，電子契約を行うための諸機能を提供するシステムが電子契約システムと呼ばれています。

電子署名の付与については，利用者本人の手元で行うローカル署名によるものや，外部のリモート署名サービス・立会人型電子署名を利用するものがある一方で，リモート署名・立会人型電子署名を電子契約サービス内で，いわば他の機能と一体で提供するものもあります。

電子契約システムで電子契約書等が作成されると，これがシステムに保存されるとともに，契約の相手方に，新たな契約書が登録された旨の通知がなされ，応答が促されます。相手方は，契約内容を承諾する場合には電子署名を行いますが，内容に修正等がある場合には，最初の契約書の承諾を拒絶し，新たな契約書を作成・提案することになります。

なお，自社にて電子署名したものであって相手方が未署名の場合には，契約書を撤回することがありますが，このような機能も電子契約システムにおいて行います。

電子契約書は，電子契約システムにて管理・保存し，利用者はいつでも閲覧できます。さらに，電子契約システムは，電子証明書の有効期間満了後の証拠力を確保するために，Q77で後述する「長期署名」の措置を行うことが一般的です。

Q61 電子契約の社内での導入プロセス

電子契約の社内での導入プロセスを教えてください。

Aのポイント

☑ トップが決断するとともに，関係各部門の協力のもとで実施します。

解説

導入に主として関係する部門は，契約実施部門，管理部門，システム部門です。これらが協力して，導入の目的，範囲などを把握した上で，実際の導入を行うことになります。以下，導入について詳しく述べます。

電子契約の導入は，契約実施部門（営業部門，購買部門など）の事務に変化をもたらすだけでなく，管理部門（経理部，法務部など）の事務にも大きな影響があります。

これまで紙で行ってきた契約を電子的に締結することとなるため，契約実施部門においては，契約書の作成，決裁，電子署名の実施，相手方への送付などが紙から電子文書に置き換わります。このための事務処理フロー等の変更が必要になります。

管理部門においても，決裁等のフローや書類の受渡し，保存などに変化が生じます。

これらの変更を行う際に重要なのは，業務分析です。従来の業務を棚卸し，具体的な業務フローを把握します。ここで，不要なプロセスや不足しているプロセスがあれば変更するなど，業務フローの改善を図ります。その上で，電子契約で行うべき機能を洗い出します。

社内にシステムを構築しているか，外部のシステムを総合的に利用している場合には，システム管理部門が管轄しています。システム管理部門は，必要な機能を実現するためのシステム改善・変更等を策定します。これに基づいて，ベンダ等と協力して，電子契約を実現することになります。

こうした変更は，部門横断的なものになりますので，その導入にあたっては，会社のトップが決断して，そのもとで実施することが必要になります。

なお，全面的に電子契約を導入する以前に，一部だけで試行していくことも行われています。このような場合にも，関係各部門の協力が必要になります。

2 契約申込みなどの撤回

Q62 意思表示を撤回する方法

紙による契約では，意思表示を撤回するためには原本の返還を求める方法があります。電子的なやりとりではどのようにすればよいのでしょうか。

Aのポイント

- ☑ 紙のように原本の返還はできません（コピーが残っている可能性があります）
- ☑ 撤回の意思表示を受けたという受領書に電子署名をもらう方法があります。
- ☑ 電子契約システムの機能を使う手もあります。

解説

契約の申込みの意思表示をしても，相手方が承諾する前であれば相手方の同意を得て撤回することは可能です。紙で契約する場合には，自分自身が押印したものの原本を返還してもらえば，撤回を確実にできます。

しかし，電子契約の場合には，このように行うことはできません。電子文書の場合には，原本とコピーの違いがありませんので，相手方がコピーを保存していないことの確認は容易ではないからです。

電子的な意思表示を撤回するためには，撤回を了解した旨の電子文書に相手方の電子署名を行ってもらう方法があります。

また，電子契約システムにおいては，撤回することにより，システムにおける有効な電子契約書（相手方が承諾の電子署名をすることにより契約が成立する電子契約書）とは異なる取扱いとすることが可能です。こうしたシステム管理を使うことにより，撤回処理を簡潔にすることができます。

Q63 誤送信の場合の対応

担当者が誤って送信してしまった場合，どのように対応すればよいでしょうか。

Aのポイント

☑ 送信先誤りの場合には，漏えいの拡大防止などの措置が必要です。
☑ 送信内容に誤りがある場合には，誤りの態様により，撤回等の措置をとります。

解説

誤りの内容を，送り先の誤りと送信タイミングの誤りに分けて説明します。

送信先を誤った場合には，情報漏えい等の問題がありますので，ただちに，漏えいの拡大を防止する措置をとるとともに，本来の送信先に連絡し適切な措置を行う必要があります。

誤送信先には，直ちに消去等と，提供や開示をしないように依頼する必要があります。本来の送信先には，誤送信の内容を連絡した上で，漏えい防止策の実施について説明し，謝罪を行うことになります。

一方，正しい送信先ではあるもの，まだ送るべきでないもの（決裁未了のものなど）を誤って送信したような場合には，文書に電子署名が行われているかどうかで対応が違います。

電子署名を行わずに送信した場合には，撤回の連絡をします。送信側の電子署名が行われていない電子契約であれば，相手方が電子署名を行っても契約は成立しません。なお，送信元の秘密等が相手方に漏れてしまい，交渉上の不利益を生じることが考えられますが，これを回復するのは困難です。

電子署名を行ったものを送信したときは，意思表示の撤回を行う必要がありますので，Q62の措置をとります。この場合，決裁が未了のものに契約権限者の電子署名が行われたことになりますから，社内規程及びその遵守状況に重大な問題が生じていると考えられます。社内規程等の見直し，遵守の徹底等，社内の業務体制の改善が必須です。

Q64 契約文書の訂正

締結した契約文書に誤りがあった場合，どのように訂正すればよいですか。

Aのポイント

☑ 修正の覚書を締結するべきです。

解説

紙の契約の場合には，修正した上で訂正印を押す方法や，あらかじめ捨印を押しておく方法などがとられてきました。しかし，電子契約においては，このような方法はとれません。電子契約の場合，契約書の内容を１文字でも変更すると電子署名が無効になってしまいますし，（今後，書き込むもののように）電子署名時には内容が不定な場合には利用できないためです。

締結した（双方が電子署名を行った）契約書に誤りがあった場合には，その点を修正する覚書を作成し，双方が電子署名を行うのが最も簡単で確実な方法です。

3 代理人や代行者による電子署名

Q65 代理人による電子署名

代理人が本人に代わって電子署名することはできますか。

Aのポイント

☑ 正当な代理権を持つ代理人が，代理人名義の電子署名をすることは有効です。

解説

代理人がその権限内において本人のためにした意思表示の効果は本人に帰属します（民法99条１項）。委任状等により代理権を授与された代理人は，委任状記載の事項について代理権を持ちます。また，会社等の法人の代表者は，包括的な代理権を有しています。本人のための意思表示（契約締結の意思表示など）を行う場合には，本人の氏名・名称と，代理人の氏名の両方を書くのが原則です[1]。

たとえば，Ａ株式会社の代表取締役Ｂが，Ａ株式会社を代表して契約する場合には，契約書の当事者はＡ株式会社で，意思表示を行って電子証明をする者はＡ株式会社代表取締役Bと記載され，Ｂの電子署名が行われます。

また，Ａ株式会社の代理人として委任されたＣ弁護士がＡを代理して意思表示する場合には，「Ａ株式会社 代理人弁護士Ｃ」と明記し，Ｃの電子

1　商行為の代理については，本人のためすることを示さない場合でも本人に対して効力を生じます（商法504条）。

署名が行われます。

注意すべき点は，代理人が行う電子署名は，（本人のではなく）代理人名義の電子署名であることです。本人名義の電子署名を本人以外の者が行うケースについては，Q66以降で説明します。

Q66 本人が行うべき署名操作の代行の可否

本人が行うべき署名操作を代行させることは可能でしょうか。

Aのポイント

☑ そのような方法でも有効なケースが多いと思われますが，いくつか注意点があります。

解説

社長の印章を総務部や秘書に預けて，社長の指示で，総務部員や秘書が押印を実施することは多いと思われます。こういう場合でも，実際に社長の指示で押印した場合など，社長の意思に基づくものであれば，社長の行為として扱われます。

ただし，紛争時に社長が，自らの意思に基づかない押印であると主張する可能性もあります。

この点について，手形の判例ではありますが，（本人の指示によってのみ押印する権限を与えられた代行者によって）押印された書類を受け取った側が，本人の意思に基づかないことについて善意・無過失（そのような事情を知らないし，知らないことについて過失もない）であれば，本人の意思ではないことを対抗できない（善意・無過失の相手方には，本人の意思ではないと主張できない）というものがあります（最判昭和43年12月24日民集22巻13号3382頁）[2]。

電子署名の場合にも，本人が操作を代行者に委任し，本人の指示に基づ

2　この判決は，法的根拠を民法110条（権限外の行為の表見代理）の類推適用だとしています。文書の受領者は代行者の存在を知らないでしょうから，正当な代理権があると信じたとは言えませんが，同様な状況ですので，類推適用だとしたものと思われます。

いて行われた場合には，本人による電子署名だと認められるものと考えられます。本人が，本人の意思に基づく電子署名ではないと主張した場合には，上記の判例と同様に，善意無過失の相手方は保護されるものと思われます。

しかし，電子署名の代行がシステム的に行われている場合（システム機能として代行が存在している場合）などは，文書の受領側が「本人以外の者による電子署名かもしれない」と知っていることがあり得ます。このような場合に，受領側が，本人の意思に基づかないことについて善意・無過失だと言えるかどうかには疑問があります。

こうした問題に対処するために，本人が，代行者は本人の意思に基づく場合にのみ電子署名を行うこと，及び，仮に本人の意思に基づかない電子署名が行われても本人は異議を申し立てないことを，表明しておくことが円滑な取引のためには必要と考えられます。

Q67 代行者名義での電子署名の有効性

代行者名義での電子署名は有効でしょうか。

Aのポイント

☑ そのような署名は，本人の意思表示を示すものとしては無効だと思われます。

解説

文書の作成名義人と署名者が異なる場合，作成名義人による電子署名としては認められません。たとえば，契約書の名義人がA株式会社 代表取締役Bであって，電子署名の署名者が秘書Cと記録されているケースです。この電子署名はCの電子署名であって，Bの電子署名ではありません。

こうした状況は，立会人型電子署名を，秘書Cのメールアドレスで行う場合などに生じます（立会人型電子署名では，利用されたメールアドレスが記録されるため，秘書Cが電子署名の実行者として記録されることになります)。このような，電子署名が本人の意思表示を示さない事態が生じないように注意が必要です。

4 電子契約システムの変更（他システムへの乗換え）

Q68 他の電子契約システムに乗り換える際の留意点

現在利用している電子契約システムから，他の電子契約システムに乗り換えようとしています。どのような点に注意したらよいでしょうか。

Aのポイント

- ☑ 電子契約書等のフォーマットは，サービスごとに異なるのが普通です。従来の電子契約書等がそのままデータベースで管理できるとは限りません。
- ☑ 電子契約システムとの契約が終了した後のサービス（紛争時の協力等）を確認する必要があります。

解説

電子契約のフォーマットは，電子契約システムごとに異なるのが通常です。多くのサービスが，PDFにて電子契約書を保管しており，電子署名やタイムスタンプの利用方法も標準に従ったものを使っていますので，電子署名やタイムスタンプの正当性検証は概ね共通的に実施できます。

しかし，電子契約書の内容等の記載や，電子契約書のデータベースへの格納方法はサービスによって異なるため，データを他のサービスに移すのが容易でないことも多くみられます。

実際には，データベースに格納された情報（書誌情報など）及び電子契約書をデータで受け取り，これを移転先のシステム用に変換して登録することになると考えられます。この場合に，格納情報の種類や内容が異なる場合も多いと思いますので，電子契約書の検索等が完全には行えないこともあり得ます。

なお，利用している電子契約システムが廃業することもあり得ます。このような場合には，システム側からデータの提供を得ることになります。

いずれの場合でも，電子契約システムが提供するデータの範囲及び方法については，システム事業者と利用者の間の契約により規定されています。電子契約システムの利用開始前に，このような点を十分に確認しておくことをお勧めします。

Q69 電子契約システムの廃業に際して必要となる処理

私の会社が使っている電子契約システムが廃業することになりました。どのような処理が必要となるのでしょうか。

Aのポイント

☑ 紛争等において，電子契約の成立等について証明できるように，電子契約書だけでなく，それに付随する情報・証明書類等を受領しておく必要があります。

解説

Q68で述べたように，他の電子契約システムに移行するのは簡単でないことも多いと思われます。一般的に，利用者側からの終了に比べて廃業の際には，システムからのデータ提供は手厚くなることが多いと思われます。

廃業以降には，システムからの協力が得られなる可能性が高いので，廃業にあたって十分な情報を得ておくことが，将来の紛争等への準備として重要です。

電子証明書を利用していれば，相手方の特定は容易ですが，電子証明書を利用しないシステムにおいては，電子契約書とそれに関する情報だけでなく，契約の相手方の身元確認の情報なども取得しておくことが，訴訟において相手方に関する真正な成立を証明するために有効になります（この情報がないと，相手方たるシステム利用者が実際に誰なのかを証明するのが難しくなる可能性があります）。

また，リモート署名や立会人型署名などについては，相手方による電子契約書の作成・署名生成についての記録（ログ等）を得ておくことも有効です。

8 電子契約利用システムの構築

1 社内システムへの電子契約の導入

Q70 社内システムのワークフローへの電子契約の導入時の注意点

社内システムとしてワークフローを利用していますが，ここに電子契約を導入しようと考えています。どのような点に注意したらよいのでしょうか。

Aのポイント

☑ 現在のワークフローと接続できるAPI（Application Programming Interface）を持つシステムを導入するのが早道です。

☑ そうでない場合には，フォーマット変換などの開発が必要になります。

解説

お使いのワークフローと接続できるAPIを持つ電子契約システムを導入するのが早道です。そのような方法を採れない場合には，ファイルのフォーマットの変更や，システム間での変更などの開発が必要になります。

一般的には，多くの企業が利用している電子契約システムを採用するのが望ましいと言えます。取引の電子化を相手方の企業に承諾してもらう際に，スムーズに進めやすいためです。

自社の独自の電子契約システムの構築は，大企業で取引が非常に多い場合以外はお勧めできません。構築のコストが大きく，取引の相手方の承諾をとるのが困難になりがちなためです。

むしろ，サービス事業者が運営している電子契約システムを利用する方が，初期費用もランニングコストも抑えられるものと思われます。なお，電子契約を含む電子取引のデータは，電子帳簿保存法に従って保存する必要があります。電子帳簿保存法については，「10 1　電子帳簿保存法」（141頁）をご覧ください。

2 顧客企業のシステムへの電子契約の導入

Q71 システムベンダの留意点

システムベンダとして，顧客が利用するシステムに電子契約を導入する際の注意について教えてください。

Aのポイント

☑ 電子署名等のセキュリティ技術の専門知識を持つ企業の協力を得て，適切な技術の導入をはかるべきです。

解説

システムベンダ自身が電子署名等の専門企業でないのでしたら，しかるべき専門企業と共同して導入することになると思われます。一般論として，電子署名やタイムスタンプで用いている暗号機能を自力で実装するのは大変ですし，ともすれば，きわめて低速なものになりますので，暗号技術に専門知識を持たないベンダが開発するのはハードルが高いのです。

どのような電子契約・電子取引を実施するか，どの程度の安全性を確保すべきかを，顧客とよく話し合い，それに適した専門企業を選定する必要があります。また，電子契約システムごとに機能に差がありますので，この点でも顧客のニーズに適したものを選択しなければなりません。

9

電子契約書の長期保存

1 契約書の保存期間

Q72 電子契約書の保存期間

電子契約書は何年間保存する必要があるのでしょうか。

Aのポイント

☑ 一般的な保存期間は決められません。
☑ 公的機関との関係で保存義務があるものについては，年限が決まっています。
☑ 紙の場合に準拠して，保存期間を決めるべきです。

解説

紙の契約書についても同じなのですが，電子契約書の必要な保存期間は一概には決められません。電子契約書は，訴訟において証拠となるものですから，訴訟の生じる可能性のある期間は保存すべきだということになります。このような期間が，一般的には決められないのはご理解いただけると思います。

多くの請求権は，最大10年で時効により消滅します。しかし，この10年の起算点には注意が必要です。

たとえば，金銭消費貸借契約（借金）を例にしますと，時効は返済期限から起算されるのであって，契約締結日ではありません。また，一部支払等があれば，その時点から改めて起算されることになります。したがって，契約書作成後10年だけ保存しておけばよいというものではなく，実態に合わせた保存が必要になります。

企業等では，契約書の種類や重要性に基づいて保存期間を決めていると思われます。電子契約書も，このような方針に基づいて保存期間を決めることになります。

なお，公的機関との関係では，保存年数が決められていることがほとんどです。

たとえば，税務関係では７年間又は10年間の保存が義務付けられており，これを過ぎた場合には保存の義務はなくなります。電子契約書は，税務上の保存が必要であり，このような期間にわたって保存する税務上の義務があります。

しかし，税務上の義務がなくなった後になって訴訟が生じることもあり得ますので，訴訟対策のため，税務上の義務がなくなっても保存しておく必要があるケースは少なくありません。上記のように，契約書の種類や重要性などに鑑みた保存期間の設定が必要になります。

2 電子署名とタイムスタンプ

Q73 タイムスタンプとは

タイムスタンプとは何でしょうか。法的効果などの法的位置付けはどうなっていますか。

Aのポイント

- ☑ 第三者機関であるタイムスタンプ事業者が，電子文書の存在時刻を証明するものです。
- ☑ 一般財団法人日本データ通信協会の認定制度が行われてきましたが，2021年に国の制度が開始されました。
- ☑ 裁判においては，かなりの信用性をもって扱われると思われます。
- ☑ 確定日付（Q15を参照）の効力はありません。

解説

タイムスタンプは，電子署名の応用技術で，電子文書についてその存在時刻を証明するものです。具体的には，認定を受けているタイムスタンプ事業者が，電子文書[1]に対して正確な時刻情報源に基づく時刻（年月日時分秒を記載。通常，100分の1秒単位で記載される）を記載の上，電子署名を行います。

このようにして作られたデータは，「タイムスタンプトークン」と呼ばれます。タイムスタンプには電子署名が使われていますから，対象となる

1 正確には電子文書のハッシュ値が対象

電子文書を改変したり，時刻を変更したりすると無効になります。つまり，タイムスタンプトークン（の電子署名）に対する検証が成功して，タイムスタンプトークンが正当なものと認められれば，タイムスタンプトークンに記載の時刻に，対象の電子文書が存在していたことが証明されます。

図表12　タイムスタンプのしくみ

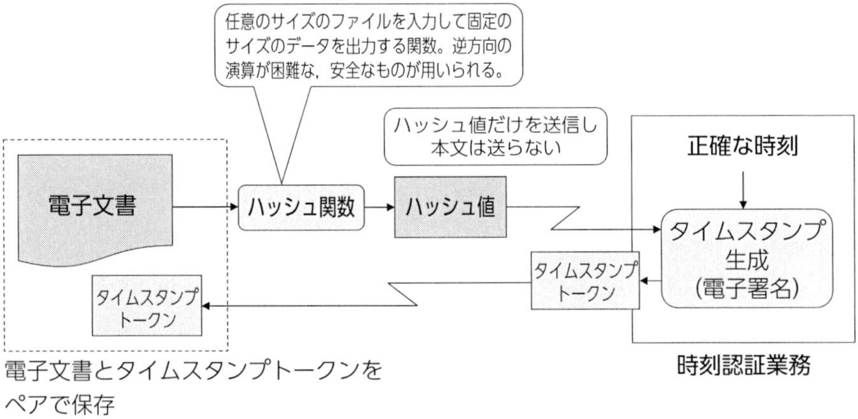

タイムスタンプの用途は多岐にわたりますが，典型的な例としては，特許法における先使用権への利用が挙げられます。自分が実施するか実施する計画を立てていた発明と同じものを他人が出願した場合，出願時点で実施するか実施する計画を立てていた範囲で，特許権者の許可なく（無料で）実施し続けることができます（特許法79条）。

出願時点で実施計画があったことを証明するために，計画書等の文書が出願の時点で存在していたことを示すことになりますが，この証明にタイムスタンプが有効です[2]。

2　特許庁「先使用権制度の円滑な活用に向けて―戦略的なノウハウ管理のために―（第2版）」71ページ以下（https://www.jpo.go.jp/system/patent/gaiyo/senshiyo/document/index/

知的財産分野では，この他に，共同研究や共同開発において，それらの活動開始前に自社がある技術を保有していたこと（したがって，共同研究・共同開発の成果でないこと）を示すために，タイムスタンプが有効です。

タイムスタンプは，電子署名の有効性を長期間にわたって保つためにも使用されます。これについては**Q74**をご覧ください。

タイムスタンプ事業者には認定制度があります。従来は，一般財団法人日本データ通信協会による認定制度が行われてきましたが，2021年４月１日の総務省告示[3]により，国の制度が開始されました。

なお，タイムスタンプは，法令における確定日付の効果は持ちません。確定日付は，債権譲渡の第三者対抗要件（民法467条２項）などで必要とされるものですが，公証人作成のもの（電子的なものを含む）と内容証明郵便だけが確定日付として認められています（民法施行法５条）。

したがって，法令で確定日付を必要としている場合には，たとえ認定を受けた事業者によるタイムスタンプであっても認められませんので，この点には注意してください。

---

senshiyouken_2han.pdf）

3　時刻認証業務の認定に関する規程（令和３年４月１日総務省告示第146号）（https://www.soumu.go.jp/main_content/000742661.pdf）

3 電子証明書の有効性・長期署名

Q74 電子証明書の有効期間

電子証明書には，有効期間が書かれていますが，その期間内なら有効と考えてよいのでしょうか。

Aのポイント

☑ 有効期間内でも失効することがあります（内容変更がある場合，秘密鍵の喪失や漏えいの場合など）ので，必ず有効だとはいえません。

解説

電子証明書には，１年から５年程度の有効期間が書かれています。これは，暗号解読技術などの暗号技術の進歩や，計算機の高速化を考えて，十分に安全な期間に有効期間を限っているものです（より安全な方法を用いることも可能です。しかし，このような方法では公開鍵及び秘密鍵のサイズが増大し，電子署名の生成・検証のコストが大きくなるため，有効期間を数年に限って，その期間での安全性を保つための鍵サイズが使われています）。

電子証明書は，有効期間が満了する前に失効することがあります。たとえば，電子証明書記載の者（本人）の住所や氏名などが変更されたときには，電子証明書の内容が事実と異なることになりますので，電子証明書は失効されます。また，秘密鍵が漏えいするなど，なんらかの原因で安全性に問題が生じた場合にも，電子証明書は失効されます。有効性検証の方法は，Q75をご覧ください。

Q75 電子証明書の有効性検証

電子証明書の有効性検証の方法を教えてください。

Aのポイント

☑ 有効性に関する情報については認証局が提供しています（CRL, OCSPによる）。提供しているURLは電子証明書に記載されています。

☑ 一般的なソフトウエア（Adobe等）は，電子署名の検証にあたって，有効性を確認します。

☑ マイナンバーカード，商業登記などの電子証明書の有効性検証には注意が必要です。

解説

電子証明書の現時点での有効性を確認するためには，その電子証明書を発行した認証局が公開している情報を用います。この情報は２種類あります。１つは，有効期間が満了する前に失効された電子証明書のシリアルナンバーを列挙した電子文書の提供です。このようなリストはCRL（Certificate Revocation List）と呼ばれ，失効した電子証明書のシリアルナンバー，失効年月日，失効原因などが記載され認証局サーバの電子署名が付されます。

もう１つの方法は，OCSP（Online Certificate Status Protocol）と呼ばれるもので，認証局のサーバに電子証明書のシリアルナンバーを送って，その電子証明書の状態（有効，又は失効及びその年月日・失効原因など）に認証局サーバの電子署名を付したものです。

電子署名を受領した者は，必ず，受領時点での電子証明書の有効性を確認しなければなりません。このときに失効していることが判明したら，その電子証明書に基づく電子署名は無効ですから，受領を拒絶すべきです。

なお，一般的なツールで電子署名の検証を行うと，そのツールが自動的にCRL又はOCSPを取得し，有効性を検証します。

ただし，マイナンバーカード搭載の署名機能による電子署名には注意が必要です。マイナンバーカードに関しては，電子証明書の有効性を確認できる主体が限定されています。電子証明書の発行元は，地方公共団体情報システム機構（J-Lis）ですが，J-LisがCRLやOCSPを提供する相手方は，公的機関，総務大臣の認定を受けた認定検証者などに限られています（公的個人認証法17条及び18条。Q38参照）。

したがって，マイナンバーカードによる電子署名は，誰でもが安全に検証できるものではありません。このため，マイナバーカードによる電子署名は，受領者が限定されていることになります。

Q76 電子証明書の有効期間満了後の電子契約書の有効性

電子契約書に用いた電子証明書の有効期間が満了した後でも，電子契約書は有効なのでしょうか。

Aのポイント

- ☑ 電子署名は，電子証明書が有効な期間内に行わなければなりません。
- ☑ 有効期間内に行われた電子署名は，有効期間が終わったあとでも有効ですが，有効期間内に行われた署名であることを証明する必要があります。
- ☑ このためには，タイムスタンプを利用します。

解説

電子証明書が有効な期間に行われた電子署名は，その後の時間経過にかかわらず常に有効です。これは，契約書に実印を押したあとで印鑑を変更したり住所が変わったりしても，契約書の有効性が失われないのと同様に考えることができます。

ただし，電子証明書の有効期間が満了した後や，失効後に紛争が生じた場合には，電子証明書が有効だった時期に電子署名が行われたことを証明する必要が出てきます。このような事態に備えるためには，タイムスタンプが有効です。電子署名を行ってすぐに，電子署名付きの電子文書を対象に（つまり，本文・電子署名データを包含する形で）タイムスタンプを施せば，電子署名が行われた日時を証明することが可能になります。

その時点で電子証明書が有効であること（失効していなかったこと）を示すためや，タイムスタンプの有効期限後における証明のためには，やや複雑な方法が必要になります。これについては，Q77をご覧ください。

Q77 電子契約書の有効性を維持するための方法

電子証明書の有効期間が満了した後でも，電子契約書の有効性を維持するための方法はありますか。

Aのポイント

☑ 有効性確認情報や電子証明書などをアーカイブしたものにタイムスタンプを施します。このような方式が標準化されており，長期署名といいます。長期署名があれば，電子署名生成時に電子証明書が有効であったことなどを検証できます。

☑ タイムスタンプ（の電子証明書）にも有効期限がありますが，期限切れになる前に，さらにタイムスタンプを施すことにより，長期署名の検証可能期間を延長できます。

解説

電子証明書の有効期限満了後において電子署名の有効性を維持する方法として，長期署名という技術があります。これは，電子署名の有効性を検証するために必要な情報をまとめておいてこれにタイムスタンプを施すものです。

具体的には，**図表13**に示すように，①電子文書＋電子署名データに対して，②署名生成日時を示すためのタイムスタンプ（署名タイムスタンプ）を施し，さらに，③これらの有効性を検証するための情報（必要な電子証明書のセット，その時点での電子証明書の有効性情報など）をアーカイブし，④これに対してさらにタイムスタンプ（アーカイブタイムスタンプ）を施します。

アーカイブタイムスタンプも一種の電子署名であり，その有効性検証には電子証明書が必要です。

通常，タイムスタンプ検証用の電子証明書の有効期限は10～11年となっています。したがって，この期間については，電子文書に対して行われた電子署名の有効性を確実に検証することが可能です。

図表13 長期署名

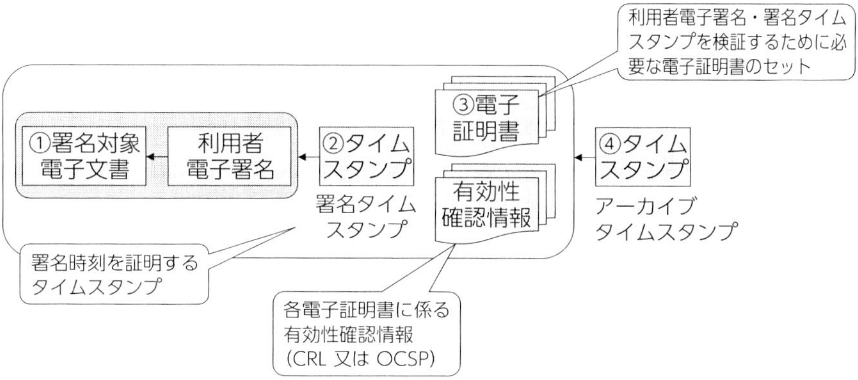

アーカイブタイムスタンプの電子証明書の失効前に，アーカイブタイムスタンプを検証するために必要な情報をアーカイブし，これ全体に新たなタイムスタンプ（第２のアーカイブタイムスタンプ）を施せば，さらに10～11年間にわたって電子署名の検証が可能になります（図表14）。

図表14 長期署名の延長

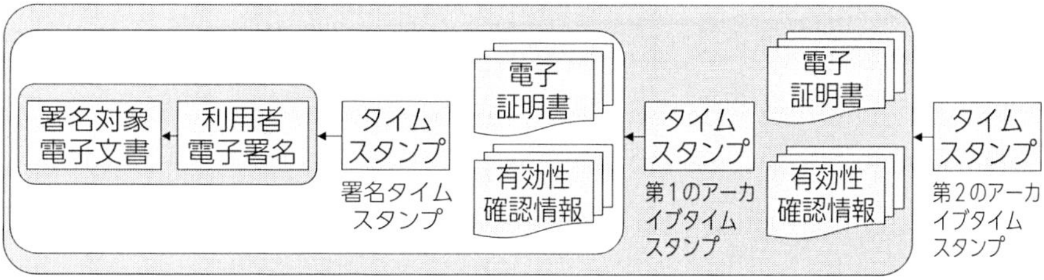

同様に，10年ごとに第３，第４……のアーカイブタイムスタンプを施せば，（署名生成時から見て）30年間，40年間……という具合に，検証可能な期間を延長することが可能です。

長期署名については，xmlフォーマットに基づくXAdES，cmsフォーマット（暗号文等に関する規格）に基づくCAdES，PDFに基づくPAdES，JSONに基づくJAdESが，ISO等で標準化されています。こうした国際標準のフォーマットを用いれば，将来にわたって電子署名の有効性を検証することが可能になります[4]。

4　国際標準でないものを用いると，数十年後において検証可能なツールが存在しない可能性が大きくなります。

10

電子取引と税務

1 電子帳簿保存法

Q78 電子帳簿保存法とは

電子帳簿保存法はどういう法律でしょうか。

Aのポイント

☑ 税法で保存義務がある帳簿や関係書類の電子的な保存を可能にするものです。

☑ 帳簿の電子化や，紙で取り交わす取引書類の元データ及びスキャンして電子化したデータによる保存，電子取引のデータ（Q79参照）を電子のまま保存することが可能です。

解説

電子帳簿保存法は，契約書をはじめとする取引書類の電子的な保存を可能にする法律です。電子化の対象は，国税帳簿書類と国税関係書類です。国税関係書類は，契約書，請求書等の帳簿に関係する証憑書類で，書面（紙）で授受するものと電子的に授受するものに分けられます。

書面で授受するものの電子的な保存は，相手方に交付した書面のもととなる電子ファイル（電子的に作成して印刷して交付した場合の元ファイル）と，相手方から受け取った書面をスキャナで読み込んで作成した電子データがあります。

2021年までは，電子的に授受する情報（電子取引のデータ）以外の電子的な保存には税務署長の承認が必要でした。しかし，電子帳簿保存法改正により，2022年１月１日以降は，すべてのカテゴリーについて税務署長の承認は不要になりました。

電子契約に直接的に関係するのは，電子的な授受に係るものですので，Q79以降では，主としてこの類型について述べます。

2 電子取引とは

Q79 電子契約書の税務上の位置付け

電子契約書は，税務上はどのように扱われるのでしょうか。

Aのポイント

☑ 電子帳簿保存法にいう電子取引のデータにあたります。

☑ 電子データのまま保存することとなり，一定の保存要件があります（Q80参照）。

☑ 印刷して紙で保存することはできなくなりました。電子的な保存が義務付けられています。

解説

契約書，請求書，領収書などの取引書類に書かれるべき情報（取引情報）を電子的に授受する取引を電子取引といいます（電子帳簿保存法２条５号）。電子取引で授受されるデータを電子取引のデータといいます。電子契約書は，電子取引のデータの典型例の一つです。

電子取引のデータの保存にあたっては，一定の条件を満たす必要があります（電子帳簿保存法７条，同法施行規則４条）。この要件については，Q80で述べます。

なお，2021年までは，電子契約書等を印刷して紙で保存することもできましたが，改正法により紙での保存はできなくなり，電子的に保存しなければならないことになりました。ただし，２年間は宥恕措置がおかれることとなりました（Q80参照）。

3 保存の要件

Q80 電子契約書を保存するための方法と注意点

電子契約書を保存するための方法と注意点を教えてください。

Aのポイント

☑ 保存場所，保存期間，不正な訂正削除の防止措置及び保存要件などを満たす必要があります。

☑ 2023年12月31日までは，一定の条件のもとで，印刷した書面での保存を可能とする宥恕措置が置かれています。

解説

電子帳簿保存法７条は，電子取引を行った際には，その取引情報に係る電磁的記録（電子ファイル等）を保存しなければならないと規定しており，保存の要件が同法施行規則４条に記載されています。

まず，保存場所は，紙の場合と同様で，原則として納税地です。ただし，納税地で出力できればよく，実際の保存場所はクラウド等であっても構いません。

次に，保存期間も，紙の場合と同様です。その取引に係る確定申告の申告期限の翌日から，７年間の保存が義務付けられています。さらに，欠損金が出た場合には10年間の保存が必要です。

不正な訂正削除を防止する措置としては，次のいずれか１つを満たす必要があります。

① 送信側で認定タイムスタンプを付与して送信
② 受信側で，受信後，約２か月以内に認定タイムスタンプを付与
③ 訂正削除できないか訂正削除履歴が保存されるシステムでデータを授受・保存
④ 正当な理由がない訂正削除の防止に関する事務処理規程の備付け・運用

ここでいう，認定タイムスタンプは，一般財団法人日本データ通信協会が認定した業者によるタイムスタンプを言います[1]。

保存要件としては，関係書類（システムの概要，操作マニュアル等）の備付け，見読性の確保（整然とした形式で明瞭な状態で，ディスプレイやプリンタに出力できること）及び検索機能の確保が必要です。検索機能については，日付，金額，取引先を検索条件として設定できること，日付，金額については範囲を指定して設定できること，２つ以上の項目を組み合わせて検索ができることが必要です。

検索要件については，緩和規定があります。税務調査のときなどに，データをダウンロードして提出することができるようになっていれば，範囲指定や組合せの機能は不要です。また，当該年度の売上高が1000万円以下の事業者がダウンロードを可能にしている場合には，検索機能自体が不要になります。

これら要件についての詳細は，国税庁の電子帳簿保存法Q&A[2]を参照してください。

なお，電子取引のデータについては，2022年１月１日から2023年12月31日について宥恕措置がとられることになり，やむを得ない事情がある場合

1 タイムスタンプについては総務大臣による認定制度がスタートしていますので，今後は，この認定によるタイムスタンプも利用可能になると期待されています。

2 https://www.nta.go.jp/law/joho-zeikaishaku/sonota/jirei/4-3.htm

には，保存要件を満たさなくても，電子データを整然とした形式の出力書面として提出できればよいこととなりました。

また，この期間については，やむを得ない事情がある場合には，従来と同様に，紙での保存も可能となりました。やむを得ない事情については，かなり緩やかに解釈されるようです。詳しくは，国税庁の宥恕措置に関するWebサイト[3]をご覧ください。

3 「電子取引データの出力書面等による保存措置の廃止（令和３年度税制改正）に関する宥恕措置について」（https://www.mof.go.jp/tax_policy/20211228keikasoti.html）

4 インボイス制度

Q81 インボイス制度と電子契約の関係

インボイス制度とはどういうものですか。電子契約と関係ありますか。

Aのポイント

☑ 2023年10月から，免税事業者に対して消費税を支払っても，控除が得られなくなります。このため，請求書・領収書等に，適格請求書発行事業者等の番号を記載し，受領側で確認する必要が生じます。

☑ このような処理を手作業で行うのは煩雑なので，電子化が強く期待されています。

☑ 電子契約を含む，取引情報の電子化の一環と考えられます。

☑ eシールのユースケースの一つだと考えられています。

解説

2023年10月から導入されるインボイス制度は，免税事業者に対する消費税の支払が，支払側の事業者の控除対象にならなくなるものです。

事業者は，その事業者が受け取った消費税から，その事業者が他の事業者に支払った消費税を控除した金額（いわば，正味の受取消費税）を税務署に納入します。現行法では，支払先事業者が消費税課税事業者であっても，免税事業者（売上が1,000万円以下の事業者等）であっても，控除対象になります。

インボイス制度導入後は，消費税課税事業者には，適格請求書発行事業者の登録番号（以下「登録番号」といいます）が請求書，領収書等に明記されている場合に限って，支払った消費税が控除対象になります。

登録番号は，課税事業者（個人事業主を含みます）は，申請によって付与されます。免税事業者であっても，課税を選択すれば，課税事業者と同様に登録番号が付与されます。

インボイス制度が導入されると，支払に先立って，相手方の登録番号を確認して，消費税支払の有無を判断することになります。このような処理を手作業で行うのは煩雑ですので，請求書等の電子化が強く期待されています。このため，業界団体では，電子請求書の書式の統一化等が検討されているようです。

なお，インボイス制度の導入にあたって，２つほど注意点があります。

１つは，経過措置です。2023年10月から３年間は，免税事業者に支払った消費税であっても，その80％は控除対象となります。また，2026年10月１日から３年間は，50％が控除対象となります。

２つ目の注意点は，免税事業者との取引における価格の調整です。免税事業者であっても，その事業者が支払う経費には消費税を加えて支払うのが一般的です（いわゆる益税というのは，免税事業者が受け取った消費税から支払った消費税を控除した，正味の受取消費税を納税する必要がないというものです）。そうすると，免税事業者が消費税を受け取れなくなると，支払消費税の分が「持ち出し」になります。

このため，免税事業者としては，消費税の課税を選択して登録番号を取得するのが最も簡潔な方法です。もしも，課税事業者にならない場合には，免税事業者が受け取る代金等についての調整が望まれることとなります（たとえば，消費税相当分を値上げする等）。

免税事業者に支払を行う事業者としては，消費税を支払っても控除対象にならないため，消費税を支払うという前提で本体価格の減額を申し入れることがありうると思われます。このような交渉自体は違法ではありませんが，交渉力に大きな違いがある場合，優越的地位の乱用（独占禁止法２条９号ハ，下請法４条１項３号など）の適用可能性には十分な注意が必要です。

5 印 紙 税

Q82 電子契約と印紙税

電子契約の場合，印紙税はかかるのでしょうか。

Aのポイント

☑ 印紙税はかかりません。

☑ この点は，国会答弁で確認されています。

解説

紙の契約書や領収書を作成すると，その種類に応じて印紙税がかかります[4]。これは，作成される書類に印紙を貼付することにより納付するものです。

電子契約書に収入印紙を貼ることはできませんが，実際には，印紙税の納付も不要です。この点は，国会答弁[5]等で現行法においては納付は不要であることが確認されています。

将来的に，電子契約書が課税されるのではないかと心配する人もいるかもしれませんが，そのおそれは小さいと考えます。その理由としては，そもそも印紙税のように契約書作成に課税する制度が，国際的には珍しいものであること，電子文書に課税している国は少数にとどまっていることなどが挙げられます。

4　印紙税額一覧表（https://www.nta.go.jp/publication/pamph/inshi/tebiki/pdf/08.pdf）

5　平成17年第162回国会の答弁（内閣参質162第９号）で現行法上は印紙税が不要であることが確認されています。

11 トラストサービス

1 トラストサービスとは

Q83 トラストサービスとは

トラストサービスとは何ですか。

Aのポイント

☑ いろいろなサービスの信頼の基盤となるサービスです。

☑ たとえば，電子証明書の発行，タイムスタンプの生成，リモート署名サービス，eシール証明書の発行，eデリバリーなどが挙げられます。

解説

トラストサービスは，インターネット上で行われる活動やサービスの信頼の基盤となるサービスのことを言います。たとえば，電子証明書の発行，タイムスタンプの生成，リモート署名サービス，eシール用の電子証明書の発行，電子証明書の有効性などの検証，eデリバリー（電子的な内容証明郵便等）などが挙げられます。

このようなサービスには，国や地方公共団体等の公的機関が運用するものや，国などの機関が認定したものがあります。こうした認定を受けたものであれば，発行する情報などの信頼性は極めて高いものとなりますし，訴訟等での証拠力の向上も期待できます。

トラストサービスの中には，国の認定制度が行われていないものがありますし，トラストサービスの種類によって制度もバラバラに構成されているのが実情です。政府では，データ戦略タスクフォースなどにて，トラストサービスの再構成を検討しており，その結果はデジタル庁の政策に反映されています。詳しくはQ84をご覧ください。

Q84 トラストサービスの法制化

トラストサービスは法制化されていますか。

Aのポイント

- ☑ 法律になっているのは電子証明書関係と，電子委任状発行事業者です。タイムスタンプ，eシールについては国の認定制度が予定されています。
- ☑ EUでは，法制化が進んでいます。

解説

現在のところ，民間のトラストサービスとして法制化されているのは，電子証明書発行機関である認証業務（電子署名法2条2項及び3項，4条など）及びタイムスタンプを発行する時刻認証業務（令和3年総務省告示第146号「時刻認証業務の認定に関する規程を定める件」）です。

この他に，電子委任状取扱事業者の認定制度があります（電子委任状法5条。Q85参照）。

また，マイナンバーカード搭載の電子証明書の発行や，法人代表者等の電子証明書発行については，それぞれ法律で定められています（公的個人認証法7条等，商業登記法12条の2）。

しかし，トラストサービスを包括するような法制度は構築されていないため，それぞれの制度で別々に認定を行っており，認定された事業者の確認も，トラストサービスの種別ごとに別々のWebサイト等に掲載されているのが実情です。

この点，EUでは，eIDAS規則を制定して，トラストサービスについての包括的な枠組みを確立し，各トラストサービスについて，基準や効果などを法定しています。また，基準を満たして認定されたサービスを，トラストリストという機械可読な形で公表することにより，トラストサービスが認定されたものであるかどうかを自動的に確認できるようになっています。わが国でも，包括的な枠組みが望まれるところです。

2 電子証明書タイプの電子委任状（電子委任状法）

Q85 代理権限を記載した電子証明書

代理人の権限を記載した電子証明書はありますか。

Aのポイント

☑ 電子委任状法に基づいて，代理権限が記載された電子証明書の発行が可能です。

☑ 認定電子委任状発行事業者の国家認定制度があります。

解説

電子委任状法で，代理人の権限を記載した電子証明書について規定しています。この法律では，事業者の代表者が発行する委任状について，電子委任状取扱業務や特定電子委任状を定義している（同法2条3項及び4項）他，電子委任状取扱業務の認定（同法5条）について定めています。

電子委任状の書式等についての具体的な規定は，電子委任状の普及を促進するための基本的な指針（平成29年総務省・経済産業省告示第3号）に記載されており，委任者記録ファイル方式（委任を行う代表者が，代表者自身の電子署名を行って発行する方式），電子証明書方式（電子委任状取扱事業者が，電子証明書の形式で電子委任状を発行する方式）及び取扱事業者記録ファイル方式（取扱事業者が電子証明書以外の形式で電子委任状を発行する方式）の3方式が示されています。このうちで，電子契約にもっとも関係が深いのは，電子証明書方式です。

電子証明書方式は，委任者を特定する情報や，受任者に対する授与権限などが記載された電子証明書を受任者に対して発行する方式です。いわば，電子証明書発行を行う認証業務が，委任状の内容についても取り扱う方式と言えます。

電子委任状を発行する電子委任状取扱業務が，電子委任状法５条に基づく認定を受けている場合には，そこで発行された電子証明書は，高い信頼性を持ちます。認定を受けるためには，電子委任状の発行にあたって，委任者である法人代表者等の身元を確認するとともに，商業登記制度に基づく電子署名や登録印により，代表者の委任意思を確認する必要があります。

電子委任状は，現在のところ，公共入札などの一部での利用にとどまっています。しかし，電子委任状は，企業等の組織に属する役職者の電子証明書の発行を可能とする制度ですので，広く利用することにより，電子契約等の電子取引の普及に大きく貢献できるものと期待されています。

Q86 電子委任状法が必要な理由

本人が委任状を電子的に作成して電子署名をすればよいのに，なぜ，電子委任状法が必要なのですか。

Aのポイント

☑ 電子委任状の有効性確認など，電子委任状取扱事業者を利用するメリットがあります。

解説

商業登記制度に基づく電子証明書を用いて，代表者が委任状に電子署名を行う方法は有効です。しかし，電子委任状の取扱いを容易かつ確実に行うためには，電子委任状取扱事業者による方法が優れています。

電子委任状法で対象としている委任状は，１回の取引のためのものだけでなく，一定期間使用できる定期券のような委任状も対象にしています。たとえば，公共入札及びそれに基づく契約を行う権限を，一定期間（たとえば１年間）与えるという委任状です。

こうした電子委任状を用いる際の１つの問題は，権限の失効です。たとえば，委任を受けた者が異動したり退職したりすることにより委任権限を失うことがあります。一定期間にわたって有効な電子委任状は，その期間内になんらかの理由で失効することがありえます。

認定を受けた電子委任状取扱事業者は，その事業者の発行した電子委任状が現在も有効かどうか（失効していないかどうか）の確認のため，オンラインでの確認手段を提供します。これは，電子証明書を発行した認証局が，電子証明書の有効性検証情報を提供するのと同じ考え方です。このような，有効性管理（有効性のオンラインでの確認）を，委任者自身で行うのは困難ですので，電子委任状法に基づく認定電子委任状取扱事業者を用いる方法が有効です。

電子委任状法が必要とされているもう１つの理由として，印鑑登録はしているものの，商業登記に基づく電子証明書の発行を受けていない代表者の存在があります。

商業登記の電子証明書の発行を受けるためには一定の手続が必要ですし，電子証明書の発行を受けるとこれに対応する秘密鍵の管理が必要になります。そのため，電子証明書の発行を受けるのをためらう代表者も少なくありません。

こうした代表者による委任の場合でも，登録印鑑を押印した申請書を電子委任状取扱事業者に提出することにより，電子委任状の発行を受けることができます。

将来的には，すべての代表者が電子証明書の発行を受けることが期待されていますが，少なくとも現時点では，電子証明書の発行を受けていない代表者が多いため，電子委任状法に基づいて，電子委任状取扱事業者による電子委任状を発行することにも，必要性があると考えられます。

3 eシール

Q87 eシールとは

eシールとはどんなものですか。どのような利用法があるのでしょうか。

Aのポイント

- ☑ 組織による電子署名のようなもので，発行元の確認が行えます。
- ☑ EUでは法制化されており，法的効果も決められています。
- ☑ 日本では，近い将来の法制化を目指して検討が進められています。
- ☑ 請求書（インボイス制度による適格請求書）への利用などが期待されています。
- ☑ 電子署名が個人による管理なのに対し，eシールは組織管理なので，より柔軟な管理・利用が可能になると期待されています。

解説

eシールは，いわば，法人等（個人以外）の電子署名で，電子文書の発行元を証明するために用います。発行元としては，法人，組織，機器などが考えられます。

技術的には，個人の電子署名と同じで，公開鍵暗号に基づく仕組みです。eシール用の電子証明書と，それに対応する秘密鍵があること，秘密鍵を用いてデジタル署名を行ってeシールデータを生成すること，eシール用電子証明書を用いてeシールデータの検証を行うことなど，電子署名とほぼ同様なものとなっています。

法人自体は，契約等の意思表示を行えない（代表者等の代理人により行う）ため，ｅシールでは契約を締結することはできません。ｅシールは，電子文書の発行元の証明を行うために用いられます。たとえば，請求書等の通知や，法人の発行する証明書（在籍証明書，卒業証明書等），法人からの重要な公表文書（有価証券報告書等），IoT機器から発出される情報などが対象として考えられています。

ｅシールは，特に，機械的に大量に発行する文書等への活用が，効果的であると思われます。公的機関や企業が多数の者に対して，その者の氏名などを記載して発行する証明書・通知文書がその典型例です。毎年，多数の証明書等を発行する場合に，１枚１枚，人が確認することはできませんので，個人による電子署名はなじまず，法人等のｅシールがふさわしい用途であると思われます。

ｅシールについては，総務省の検討会にて検討が行われ，「組織が発行するデータの信頼性を確保する制度に関する検討会取りまとめ」[1]及び「ｅシールに係る指針」[2]が公表されました。これらに基づいて，デジタル庁でさらなる検討が進められています。

1 https://www.soumu.go.jp/main_content/000756888.pdf
2 https://www.soumu.go.jp/main_content/000756907.pdf

4 トラストサービスの検討状況

Q88 トラストサービスの枠組みの検討

トラストサービスの枠組みについて，どのような検討が進められていますか。

Aのポイント

☑ 政府のデータ戦略タスクフォースにて，トラストサービスのアーキテクチャが検討されています。

☑ EUの枠組みとの相互協調などを目指しています。

解説

トラストサービスについては，デジタル庁のもとで，検討が進められています。

わが国のトラストサービスの基盤構築については，「包括的データ戦略」[3]にて，「今後，将来的な国際連携を視野に入れつつ，デジタル庁を中心として関係府省庁が協力して検討し，2020 年代早期の実装を目指す。」と宣言されています。現在，これに基づいて，デジタル庁のもとで「データ戦略推進ワーキンググループ」及び「トラストを確保したDX推進サブワーキンググループ」[4]にて，トラストサービスの基盤構築の検討が進められています。

3 2021年6月18日 閣議決定（https://www.kantei.go.jp/jp/singi/it2/kettei/pdf/20210618/siryou3.pdf）
4 https://www.digital.go.jp/meeting

12

令和３年法改正について

Q89 令和３年の法改正で電子契約に関連するもの

令和３年の法改正で電子契約に関連するものはありますか。

Aのポイント

☑ 以下のような点に変更があります。
☑ 民法（受取証書の電子化）2021年９月１日
☑ 宅地建物取引業法（重要事項説明書等の電子化）2022年５月18日
☑ 借地借家法（定期借地権契約，定期賃貸借契約の電子化）2022年５月18日
☑ 公的個人認証法（マイナンバーカード搭載の電子署名・認証機能のスマートフォンへの搭載）2021年９月１日
☑ 電子帳簿保存法（帳簿書類，電子取引以外の書類のすべてについて税務署長の承認が不要になる）2022年１月１日

解説

2021年の通常国会で，デジタル庁関連の６つの法律が成立しました。ここには，電子契約に関係する変更が多数含まれています。たとえば，以下のものがあります。

■ 民法（受取証書の電子化）施行済

■ 地建物取引業法（重要事項説明書等の電子化）2022年５月18日施行

■ 借地借家法（定期賃貸借契約の電子化）2022年５月18日施行

■ 公的個人認証法（マイナンバーカード搭載の電子署名・認証機能のスマートフォンへの搭載）施行済

この他に，電子帳簿保存法が改正され，帳簿の電子化やスキャナ保存等の要件が大幅に緩和されました。さらに，これらの保存に関して必要だった税務署長の承認も不要になりました（電子取引のデータの電子保存は，現行法でも税務署長の承認は不要です）。この改正は，2022年１月１日に施行されました（Q78参照）。

付　録

細 目 次

付録1 電子契約運用規程例

（目的）

第１条　この規程は，【ここに会社名・法人名を記載】（以下「当社」という。【法人の場合は「当法人」とする。以下において同じ】）が電子契約等に使用する電子署名に必要な秘密情報等の管理及び電子契約書等の受領に関する事項を定めることを目的とする。

（定義）

第２条　この規程における用語の定義は以下のとおりとする。

⑴　電子契約書等：当社が取引先等との間で授受する契約書，注文書，注文請書，領収書，見積書，請求書，その他の文書に代えて，これらに記載されるべき情報を記載し取引先等と授受する電磁的情報をいう。

⑵　電子署名：電子署名及び認証業務に関する法律第２条第１項に規定される電子署名をいう。

⑶　電子証明書：電子署名の検証に必要な情報を記載した証明書をいう。

⑷　秘密鍵：電子署名に係る本人だけが保有し，これを用いることにより，本人だけが行うことができる電子署名を行うことができる情報をいう。

⑸　物件：秘密鍵を格納したICカード等の装置及び媒体をいう

⑹　PIN：秘密鍵を利用するために必要なパスワード，暗証番号等の情報をいう。

⑺　メールアドレス：電子署名を行うために必要な情報の受信のために用いられるメールアドレスをいう。

⑻　秘密情報等：秘密鍵，物件，PIN及びメールアドレスを利用するための情報を総称していう。

⑼　ローカル署名：当社において署名名義人の秘密鍵を保管する方式の電子署名をいう。

⑽　リモート署名：当社以外の組織が管理するサーバにおいて署名名義人の秘密鍵を保管する方式の電子署名をいう。

⑾　立会人型署名：サーバの秘密鍵を用いて行う電子署名をいう。

（種類）
第３条　当社で使用する電子署名は，次の各号のものとする。
(1)　代表取締役電子署名
(2)　銀行取引用電子署名
(3)　××事業部長電子署名
(4)　□□部長電子署名
(5)　………

（管理責任者）
第４条　電子署名に用いる秘密情報等の管理責任者は別表記載のとおりとし，管理責任者に事故あるときは，総務部長が秘密情報等を管理するものとする。

（新設，更新等）
第５条　電子署名のための秘密情報等の新規発行及び更新の手続（電子証明書の発行及び更新を含む。）は総務部において行う。
２　電子署名の廃止は，管理責任者から総務部に通知して行う。
３　総務部は，秘密情報及び電子証明書の台帳を作成し，これを管理する。
４　秘密情報の漏えい，消失等の事故が生じたときは，ただちに総務部に通知し，総務部において電子証明書の失効その他の処理を行う。

（電子署名実施）
第６条　電子署名を行う場合，対象となる電子契約書等に応じて【分掌規程等の規程名を記載】の規定に基づく決裁を受けた上で，当該電子署名の管理責任者に押捺申請書を提出し，管理責任者において電子署名を行うものとする。
２　電子署名の管理責任者は，電子署名実施の年月日，対象文書名，提出先を記録する。
３　管理責任者は，第１項の手続による場合を除いて秘密情報等を使用することはできない。
４　前項の規定に違反した場合，管理責任者はただちに総務部長に報告するものとする。

（電子契約書の受領）

第７条　電子契約書を受領したときは，ただちに，取引相手方の電子署名の検証（当該電子署名に係る電子証明書の検証及び有効性確認を含む。）を行うとともに，必要に応じて，電子署名名義人の本人性及び契約締結等の権限を確認しなければならない。

２　前項の検証又は確認にて問題が生じたときは，電子契約書等の受領部門は，総務部と協議して，事後の処理を決定するものとする。

（改廃）

第８条　本規程の改廃は，取締役会決議をもって行う。

別表

名称	電子署名名義人	電子署名方式（事業者名）	管理責任者	秘密情報等	電子証明書の種類（発行者）
代表取締役電子署名	代表取締役	ローカル署名	社長	• 秘密鍵ファイル • PIN	商業登記電子証明書（法務局）
銀行取引用電子署名	経理部長	ローカル署名	経理部長	• ICカード • PIN	特定認証業務発行電子証明書（△△認証局）
××事業部長電子署名	××事業部長	リモート署名（○○サービス）	××事業部長	• サーバログイン用パスワード • PIN	特定認証業務発行電子証明書（△△認証局）
□□部長電子署名	□□部長	立会人型署名（◎◎サービス）	□□部長	• サーバログイン用パスワード • メールアドレス利用パスワード	◎◎サービスに発行された電子証明書（☆☆認証局）
			:		
			:		

付録2 用語集

CRL	**(Q75)**
Certificate Revocation List。有効期間内に失効した電子証明書のリストを持つもの。認証業務から，ダウンロードする方法が一般的	
eシール	**(Q87)**
法人や機器など，自然人以外の主体によるデジタル署名。自然人による電子署名と技術的には同じもの	
JPKI	**(Q75)**
マイナンバーカードに搭載される電子証明書を発行する認証基盤。地方公共団体情報システム機構が運営している。	
OCSP	**(Q75)**
Online Certificate Status Protocol。電子証明書有効性検証方式の一つで，電子証明書のシリアル番号をサーバに送付して，その電子証明書が有効か無効かの回答を得るもの	
印影	
押印によって紙面に付された朱肉の跡	
印鑑	
地方公共団体や銀行などに登録された印影	
印章	
押印に用いる物理的なハンコ。	
押印	
印章を用いて紙面に印影を付す行為	
グレーゾーン解消制度	**(Q16)**
経済産業省が実施している制度。新たな事業を始める事業者が，その事業の適法性を確認するために用いられる。	
公開鍵暗号	**(Q21)**
暗号化するための鍵（公開鍵）と，復号するための鍵（秘密鍵）が異なる暗号方式。RSA暗号が典型例	
自然人	**(Q4)**
個人のことをいう。法律では，法人に対する用語として自然人という。	

商業登記に基づく電子証明書	
商業登記法12条の2に基づいて発行される電子証明書。登記された法人の代表者等に対して発行され，本人氏名，法人名称，資格（代表取締役等）などが記載される。	
政府認証基盤（GPKI）	(Q10)
政府の役職者の職責に関する電子証明書（官職証明書）を発行する認証基盤	
代行者	(Q66，67)
本人に代わって，電子署名等の処理を実行する者。本人の指示に基づかなければならない。	
タイムスタンプ	(Q73)
電子データの存在時刻を証明するために用いられる。タイムスタンプが付された日時と，それ以降の非改ざん性が示される。認定時刻認証業務が発行したタイムスタンプは高い信頼性を持つ。	
代理人	(Q65)
契約締結などの意思表示を本人に代わって行う者。代理権限が必要	
立会人型電子署名（事業者型電子署名，第三者型電子署名）	(Q46〜48)
利用者の指示により，その利用者の指示によること等を記載したのちに，サービス提供事業者のデジタル署名を行う電子署名方式	
地方公共団体認証基盤（LGPKI）	(Q10)
地方公共団体の役職者の職責に関する電子証明書を発行する認証基盤	
デジタル署名	(Q24)
公開鍵暗号技術を応用した電子署名。秘密鍵（署名鍵）を用いて電子署名を行い，その結果として生成される署名データの正当性検証を公開鍵を用いて行う。	
電子委任状	(Q85)
代理権限を付与するための電子文書。電子委任状法の認定電子委任状取扱事業者による電子委任状は，高い信頼性を持つ。	
電子契約	(Q1)
紙の書類に代えて電子文書を作成して行う契約	
電子情報処理組織	(Q3)
インターネット等で接続されたコンピュータ群	
電子証明書	(Q35〜37)
公開鍵と本人とを結びつける電子的な証明書	

電子証明書有効性検証	**(Q75)**
電子証明書が現時点で有効であるかどうかを確認するプロセス。電子証明書を発行した認証業務から，有効性確認情報をオンラインで取得する方法が一般的	
電子署名	
電子文書に対して行われる措置で，本人性と非改ざん性を確認するためのもの（電子署名法２条１項)。電子署名の主体は自然人であり，自然人以外によるものはｅシールと呼ばれる。	
電磁的記録	**(Q2)**
電子文書や電子データであって，記憶媒体等に記録されているもの	
電子取引	**(Q79)**
取引情報の授受を電子文書で行う取引（電子帳簿保存法２条５号）	
当事者型電子署名	**(Q43, 44)**
署名者の電子証明書に基づいて，署名者の署名鍵で電子署名を行う電子署名方式。ローカル署名とリモート署名がある。	
特定認証業務	
認証業務であって，安全な暗号アルゴリズム（電子署名法施行規則２条）を用いるもの（電子署名法２条３項）	
トラストサービス	**(Q83, 84, 88)**
サイバー空間において，データの真正性，非改ざん性などを確保するための，インフラとしてのサービス	
二要素認証	**(Q48)**
知識（パスワードの記憶など)，所持（ICカード，スマートフォン等の機器の所持)，生体（指紋，静脈，光彩など）の３つの要素のうちの２つを用いる認証	
認証	
サービス等の利用にあたって，利用しようとする者がシステムに登録された本人であることを確認するプロセス。ログイン時のID及びパスワードの確認など	
認証業務	
電子証明書を発行する業務（電子署名法２条２項）	
認定認証業務	**(Q37, 41)**
特定認証業務であって，国の定める基準を満たすものとして認定を受けたもの（電子署名法４条）	

ハッシュ関数	(Q73)
任意のサイズのデータを入力して，固定のサイズのデータを出力する関数。安全なハッシュ関数は，入力が少しでも違えば出力が全く違うものになること，出力を示されてその出力になる入力データを作成することが事実上不可能なほどに困難なことなどの性質を持つ。デジタル署名，タイムスタンプ，長期署名などで使用される。	
マイナンバーカード	(Q37, 38)
行政手続における特定の個人を識別するための番号の利用等に関する法律（番号法）16条の２に規定される個人番号カード。電子署名の機能を持ち，JPKI発行の電子証明書とこれに対応する秘密鍵を保持する。	
リモート署名	(Q44, 45)
当事者型電子署名の一種で，署名鍵をサーバに保管し，署名者の指示によりこれを用いた電子署名を行うもの	
ローカル署名	(Q44)
当事者型電子署名の一種で，署名者自身が署名鍵や署名のための環境を管理するもの	

付録3 関連法令等

民法

（保証人の責任等）

第446条　保証人は，主たる債務者がその債務を履行しないときに，その履行をする責任を負う。

2　保証契約は，書面でしなければ，その効力を生じない。

3　保証契約がその内容を記録した電磁的記録によってされたときは，その保証契約は，書面によってされたものとみなして，前項の規定を適用する。

第３目　事業に係る債務についての保証契約の特則

（公正証書の作成と保証の効力）

第465条の６　事業のために負担した貸金等債務を主たる債務とする保証契約又は主たる債務の範囲に事業のために負担する貸金等債務が含まれる根保証契約は，その契約の締結に先立ち，その締結の日前１箇月以内に作成された公正証書で保証人になろうとする者が保証債務を履行する意思を表示していなければ，その効力を生じない。

（債権の譲渡の対抗要件）

第467条　債権の譲渡（現に発生していない債権の譲渡を含む。）は，譲渡人が債務者に通知をし，又は債務者が承諾をしなければ，債務者その他の第三者に対抗することができない。

2　前項の通知又は承諾は，確定日付のある証書によってしなければ，債務者以外の第三者に対抗することができない。

（受取証書の交付請求等）

第486条　弁済をする者は，弁済と引換えに，弁済を受領する者に対して受取証書の交付を請求することができる。

2　弁済をする者は，前項の受取証書の交付に代えて，その内容を記録した電磁的記録の提供を請求することができる。ただし，弁済を受領する者に不相当な負担を課するものであるときは，この限りでない。

（債権証書の返還請求）

第487条　債権に関する証書がある場合において，弁済をした者が全部の弁済をしたときは，その証書の返還を請求することができる。

（契約の成立と方式）

第522条　契約は，契約の内容を示してその締結を申し入れる意思表示（以下「申込み」という。）に対して相手方が承諾をしたときに成立する。

２　契約の成立には，法令に特別の定めがある場合を除き，書面の作成その他の方式を具備することを要しない。

民法施行法

第５条　証書ハ左ノ場合ニ限リ確定日付アルモノトス

一　公正証書ナルトキハ其日付ヲ以テ確定日付トス

二　登記所又ハ公証人役場ニ於テ私署証書ニ日付アル印章ヲ押捺シタルトキハ其印章ノ日付ヲ以テ確定日付トス

三　私署証書ノ署名者中ニ死亡シタル者アルトキハ其死亡ノ日ヨリ確定日付アルモノトス

四　確定日付アル証書中ニ私署証書ヲ引用シタルトキハ其証書ノ日付ヲ以テ引用シタル私署証書ノ確定日付トス

五　官庁又ハ公署ニ於テ私署証書ニ或事項ヲ記入シ之ニ日付ヲ記載シタルトキハ其日付ヲ以テ其証書ノ確定日付トス

六　郵便認証司（郵便法（昭和22年法律第165号）第59条第１項ニ規定スル郵便認証司ヲ謂フ）ガ同法第58条第１号ニ規定スル内容証明ノ取扱ニ係ル認証ヲ為シタルトキハ同号ノ規定ニ従ヒテ記載シタル日付ヲ以テ確定日付トス

②　指定公証人（公証人法（明治41年法律第53号）第７条ノ２第１項ニ規定スル指定公証人ヲ謂フ以下之ニ同ジ）ガ其設ケタル公証人役場ニ於テ請求ニ基キ法務省令ノ定ムル方法ニ依リ電磁的記録（電子的方式，磁気的方式其他人ノ知覚ヲ以テ認識スルコト能ハザル方式（以下電磁的方式ト称ス）ニ依リ作ラルル記録ニシテ電子計算機ニ依ル情報処理ノ用ニ供セラルルモノヲ謂フ以下之ニ同ジ）ニ記録セラレタル情報ニ日付ヲ内容トスル情報（以下日付情報ト称ス）ヲ電磁的方式ニ依リ付シタルトキハ当該電磁的記録ニ記録セラレタル情報ハ確定日付アル証書ト看做ス但公務員ガ職務上作成シタル電磁的記録以外ノモノニ付

シタルトキニ限ル

③　前項ノ場合ニ於テハ日付情報ノ日付ヲ以テ確定日付トス

会社法

（ある種類又は特定の事項の委任を受けた使用人）

第14条　事業に関するある種類又は特定の事項の委任を受けた使用人は，当該事項に関する一切の裁判外の行為をする権限を有する。

2　前項に規定する使用人の代理権に加えた制限は，善意の第三者に対抗することができない。

（取締役会の決議）

第369条　取締役会の決議は，議決に加わることができる取締役の過半数（これを上回る割合を定款で定めた場合にあっては，その割合以上）が出席し，その過半数（これを上回る割合を定款で定めた場合にあっては，その割合以上）をもって行う。

2　前項の決議について特別の利害関係を有する取締役は，議決に加わることができない。

3　取締役会の議事については，法務省令で定めるところにより，議事録を作成し，議事録が書面をもって作成されているときは，出席した取締役及び監査役は，これに署名し，又は記名押印しなければならない。

4　前項の議事録が電磁的記録をもって作成されている場合における当該電磁的記録に記録された事項については，法務省令で定める署名又は記名押印に代わる措置をとらなければならない。

5　取締役会の決議に参加した取締役であって第３項の議事録に異議をとどめないものは，その決議に賛成したものと推定する。

会社法施行規則

（電子署名）

第225条　次に掲げる規定に規定する法務省令で定める署名又は記名押印に代わる措置は，電子署名とする。

一　法第26条第２項

二　法第122条第３項
三　法第149条第３項
四　法第250条第３項
五　法第270条第３項
六　法第369条第４項（法第490条第５項において準用する場合を含む。）
七　法第393条第３項
八　法第399条の10第４項
九　法第412条第４項
十　法第575条第２項
十一　法第682条第３項
十二　法第695条第３項

２　前項に規定する「電子署名」とは，電磁的記録に記録することができる情報について行われる措置であって，次の要件のいずれにも該当するものをいう。
一　当該情報が当該措置を行った者の作成に係るものであることを示すためのものであること。
二　当該情報について改変が行われていないかどうかを確認することができるものであること。

民事訴訟法

（文書の成立）
第228条　文書は，その成立が真正であることを証明しなければならない。
２　文書は，その方式及び趣旨により公務員が職務上作成したものと認めるべきときは，真正に成立した公文書と推定する。
３　公文書の成立の真否について疑いがあるときは，裁判所は，職権で，当該官庁又は公署に照会をすることができる。
４　私文書は，本人又はその代理人の署名又は押印があるときは，真正に成立したものと推定する。
５　第２項及び第３項の規定は，外国の官庁又は公署の作成に係るものと認めるべき文書について準用する。
（文書に準ずる物件への準用）
第231条　この節の規定は，図面，写真，録音テープ，ビデオテープその他の情報を表すために作成された物件で文書でないものについて準用する。

電子署名法【電子署名及び認証業務に関する法律】

（目的）

第１条　この法律は，電子署名に関し，電磁的記録の真正な成立の推定，特定認証業務に関する認定の制度その他必要な事項を定めることにより，電子署名の円滑な利用の確保による情報の電磁的方式による流通及び情報処理の促進を図り，もって国民生活の向上及び国民経済の健全な発展に寄与することを目的とする。

（定義）

第２条　この法律において「電子署名」とは，電磁的記録（電子的方式，磁気的方式その他人の知覚によっては認識することができない方式で作られる記録であって，電子計算機による情報処理の用に供されるものをいう。以下同じ。）に記録することができる情報について行われる措置であって，次の要件のいずれにも該当するものをいう。

一　当該情報が当該措置を行った者の作成に係るものであることを示すためのものであること。

二　当該情報について改変が行われていないかどうかを確認することができるものであること。

２　この法律において「認証業務」とは，自らが行う電子署名についてその業務を利用する者（以下「利用者」という。）その他の者の求めに応じ，当該利用者が電子署名を行ったものであることを確認するために用いられる事項が当該利用者に係るものであることを証明する業務をいう。

３　この法律において「特定認証業務」とは，電子署名のうち，その方式に応じて本人だけが行うことができるものとして主務省令で定める基準に適合するものについて行われる認証業務をいう。

第３条　電磁的記録であって情報を表すために作成されたもの（公務員が職務上作成したものを除く。）は，当該電磁的記録に記録された情報について本人による電子署名（これを行うために必要な符号及び物件を適正に管理することにより，本人だけが行うことができることとなるものに限る。）が行われているときは，真正に成立したものと推定する。

（認定）

第４条　特定認証業務を行おうとする者は，主務大臣の認定を受けることができる。

２　前項の認定を受けようとする者は，主務省令で定めるところにより，次の事項を記載した申請書その他主務省令で定める書類を主務大臣に提出しなければならない。

一　氏名又は名称及び住所並びに法人にあっては，その代表者の氏名

二　申請に係る業務の用に供する設備の概要

三　申請に係る業務の実施の方法

３　主務大臣は，第１項の認定をしたときは，その旨を公示しなければならない。

電子署名法施行規則【電子署名及び認証業務に関する法律施行規則】

（特定認証業務）

第２条　法第２条第３項の主務省令で定める基準は，電子署名の安全性が次のいずれかの有する困難性に基づくものであることとする。

一　ほぼ同じ大きさの２つの素数の積である2048ビット以上の整数の素因数分解

二　大きさ2048ビット以上の有限体の乗法群における離散対数の計算

三　楕円曲線上の点がなす大きさ224ビット以上の群における離散対数の計算

四　前３号に掲げるものに相当する困難性を有するものとして主務大臣が認めるもの

（業務の用に供する設備の基準）

第４条　法第６条第１項第１号の主務省令で定める基準は，次のとおりとする。

一　申請に係る業務の用に供する設備のうち電子証明書（利用者が電子署名を行ったものであることを確認するために用いられる事項（以下「利用者署名検証符号」という。）が当該利用者に係るものであることを証明するために作成する電磁的記録をいう。以下同じ。）の作成又は管理に用いる電子計算機その他の設備（以下「認証業務用設備」という。）は，入出場を管理するために業務の重要度に応じて必要な措置が講じられている場所に設置されていること。

二　認証業務用設備は，電気通信回線を通じた不正なアクセス等を防止するた

めに必要な措置が講じられていること。

三　認証業務用設備は，正当な権限を有しない者によって作動させられることを防止するための措置が講じられ，かつ，当該認証業務用設備の動作を記録する機能を有していること。

四　認証業務用設備のうち電子証明書の発行者（認証業務の名称により識別されるものである場合においては，その業務を含む。以下同じ。）を確認するための措置であって第２条の基準に適合するものを行うために発行者が用いる符号（以下「発行者署名符号」という。）を作成し又は管理する電子計算機は，当該発行者署名符号の漏えいを防止するために必要な機能を有する専用の電子計算機であること。

五　認証業務用設備及び第１号の措置を講じるために必要な装置は，停電，地震，火災及び水害その他の災害の被害を容易に受けないように業務の重要度に応じて必要な措置が講じられていること。

（利用者の真偽の確認の方法）

第５条　法第６条第１項第２号の主務省令で定める方法は，次に掲げる方法とする。

一　認証業務の利用の申込みをする者（以下「利用申込者」という。）に対し，住民基本台帳法（昭和42年法律第81号）第12条第１項に規定する住民票の写し若しくは住民票記載事項証明書，戸籍の謄本若しくは抄本（現住所の記載がある証明書の提示又は提出を求める場合に限る。）若しくは領事官（領事官の職務を行う大使館若しくは公使館の長又はその事務を代理する者を含む。）の在留証明又はこれらに準ずるものとして主務大臣が告示で定める書類の提出を求め，かつ，次に掲げる方法のうちいずれか一以上のものにより，当該利用申込者の真偽の確認を行う方法。ただし，認証業務の利用の申込み又はハに規定する申込みの事実の有無を照会する文書の受取りを代理人が行うことを認めた認証業務を実施する場合においては，当該代理人に対し，その権限を証する利用申込者本人の署名及び押印（押印した印鑑に係る印鑑登録証明書が添付されている場合に限る。）がある委任状（利用申込者本人が国外に居住する場合においては，これに準ずるもの）の提出を求め，かつ，次に掲げる方法のうちいずれか一以上のものにより，当該代理人の真偽の確認を行うものとする。

イ　出入国管理及び難民認定法（昭和26年政令第319号）第２条第５号に規

定する旅券，同法第19条の３に規定する在留カード，日本国との平和条約に基づき日本の国籍を離脱した者等の出入国管理に関する特例法（平成３年法律第71号）第７条第１項に規定する特別永住者証明書，別表に掲げる官公庁が発行した免許証，許可証若しくは資格証明書等，行政手続における特定の個人を識別するための番号の利用等に関する法律（平成25年法律第27号）第２条第７項に規定する個人番号カード又は官公庁（独立行政法人（独立行政法人通則法（平成11年法律第103号）第２条第１項に規定する独立行政法人をいう。），地方独立行政法人（地方独立行政法人法（平成15年法律第118号）第２条第１項に規定する地方独立行政法人をいう。）及び特殊法人（法律により直接に設立された法人又は特別の法律により特別の設立行為をもって設立された法人であって，総務省設置法（平成11年法律第91号）第４条第１項第８号の規定の適用を受けるものをいう。）を含む。）がその職員に対して発行した身分を証明するに足りる文書で当該職員の写真を貼り付けたもののうちいずれか一以上の提示を求める方法

ロ　利用の申込書に押印した印鑑に係る印鑑登録証明書（利用申込者が国外に居住する場合においては，これに準ずるもの）の提出を求める方法

ハ　その取扱いにおいて名宛人本人若しくは差出人の指定した名宛人に代わって受け取ることができる者（以下「名宛人等」という。）に限り交付する郵便（次に掲げるいずれかの書類の提示を求める方法により名宛人等であることの確認を行うことにより交付するものに限る。）又はこれに準ずるものにより，申込みの事実の有無を照会する文書を送付し，これに対する返信を受領する方法

⑴　イに掲げる書類のいずれか一以上

⑵　健康保険，国民健康保険，船員保険等の被保険者証，共済組合員証，国民年金手帳，基礎年金番号通知書，国民年金，厚生年金保険若しくは船員保険に係る年金証書又は共済年金，恩給等の証書のいずれか二以上

⑶　⑵に掲げる書類のいずれか一以上及び学生証，会社の身分証明書又は公の機関が発行した資格証明書（イに掲げるものを除く。）であって写真を貼り付けたもののいずれか一以上

ニ　イ，ロ又はハに掲げるものと同等なものとして主務大臣が告示で定める方法

二　利用申込者が現に有している電子署名等に係る地方公共団体情報システム

機構の認証業務に関する法律（平成14年法律第153号）第３条第１項に規定する署名用電子証明書に係る電子署名により当該利用申込者の真偽の確認を行う方法

２　現に電子証明書を有している利用者が当該電子証明書の発行者に対して新たな電子証明書の利用の申込みをする場合において，当該申込みに係る電子証明書の有効期間が前項に規定する方法により当該利用者の真偽の確認を行って発行された電子証明書の発行日から起算して５年を超えない日までに満了するものであるときは，同項の規定にかかわらず，当該発行者は，当該利用者が現に有している電子証明書に係る電子署名により当該利用者の真偽を確認することができる。

（その他の業務の方法）

第６条　法第６条第１項第３号の主務省令で定める基準は，次のとおりとする。

一　利用申込者に対し，書類の交付その他の適切な方法により，電子署名の実施の方法及び認証業務の利用に関する重要な事項について説明を行うこと。

二　利用申込者の申込みに係る意思を確認するため，利用申込者に対し，その署名又は押印（押印した印鑑に係る印鑑登録証明書が添付されている場合に限る。）のある利用の申込書その他の書面の提出又は利用の申込みに係る情報（認定を受けた認証業務（以下「認定認証業務」という。）又はこれに準ずるものに係る電子証明書により確認される電子署名が行われたものに限る。）の送信を求めること。

三　利用者が電子署名を行うために用いる符号（以下「利用者署名符号」という。）を認証事業者が作成する場合においては，当該利用者署名符号を安全かつ確実に利用者に渡すことができる方法により交付し，又は送付し，かつ，当該利用者署名符号及びその複製を直ちに消去すること。

三の二　利用者署名符号を利用者が作成する場合において，当該利用者署名符号に対応する利用者署名検証符号を認証事業者が電気通信回線を通じて受信する方法によるときは，あらかじめ，利用者識別符号（認証事業者において，１回に限り利用者の識別に用いる符号であって，容易に推測されないように作成されたものをいう。）を安全かつ確実に当該利用者に渡すことができる方法により交付し，又は送付し，かつ，当該利用者の識別に用いるまでの間，当該利用者以外の者が知り得ないようにすること。

四　電子証明書の有効期間は，５年を超えないものであること。

五　電子証明書には，次の事項が記録されていること。
　イ　当該電子証明書の発行者の名称及び発行番号
　ロ　当該電子証明書の発行日及び有効期間の満了日
　ハ　当該電子証明書の利用者の氏名
　ニ　当該電子証明書に係る利用者署名検証符号及び当該利用者署名検証符号に係るアルゴリズムの識別子
六　電子証明書には，その発行者を確認するための措置であって第２条の基準に適合するものが講じられていること。
七　認証業務に関し，利用者その他の者が認定認証業務と他の業務を誤認することを防止するための適切な措置を講じていること。
八　電子証明書に利用者の役職名その他の利用者の属性（利用者の氏名，住所及び生年月日を除く。）を記録する場合においては，利用者その他の者が当該属性についての証明を認定認証業務に係るものであると誤認することを防止するための適切な措置を講じていること。
九　署名検証者（利用者から電子署名が行われた情報の送信を受け，当該利用者が当該電子署名を行ったものであることを確認する者をいう。以下同じ。）が電子証明書の発行者を確認するために用いる符号（以下「発行者署名検証符号」という。）その他必要な情報を容易に入手することができるようにすること。
十　電子証明書の有効期間内において，利用者から電子証明書の失効の請求があったとき又は電子証明書に記録された事項に事実と異なるものが発見されたときは，遅滞なく当該電子証明書の失効の年月日その他の失効に関する情報を電磁的方法（電子的方法，磁気的方法その他の人の知覚によっては認識することができない方法をいう。以下同じ。）により記録すること。
十一　電子証明書の有効期間内において，署名検証者からの求めに応じ自動的に送信する方法その他の方法により，署名検証者が前号の失効に関する情報を容易に確認することができるようにすること。
十二　第10号の規定により電子証明書の失効に関する情報を記録した場合においては，遅滞なく当該電子証明書の利用者にその旨を通知すること。
十三　認証事業者の連絡先，業務の提供条件その他の認証業務の実施に関する規程を適切に定め，当該規程を電磁的方法により記録し，利用者その他の者からの求めに応じ自動的に送信する方法その他の方法により，利用者その他の者が当該規程を容易に閲覧することができるようにすること。

十四　電子証明書に利用者として記録されている者から，権利又は利益を侵害され，又は侵害されるおそれがあるとの申出があった場合においては，その求めに応じ，遅滞なく当該電子証明書に係る利用者に関する第12条第１項第１号ロ及びハに掲げる書類を当該申出を行った者に開示すること。

十五　次の事項を明確かつ適切に定め，かつ，当該事項に基づいて業務を適切に実施すること。

イ　業務の手順

ロ　業務に従事する者の責任及び権限並びに指揮命令系統

ハ　業務の一部を他に委託する場合においては，委託を行う業務の範囲及び内容並びに受託者による当該業務の実施の状況を管理する方法その他の当該業務の適切な実施を確保するための方法

ニ　業務の監査に関する事項

ホ　業務に係る技術に関し充分な知識及び経験を有する者の配置

へ　利用者の真偽の確認に際して知り得た情報の目的外使用の禁止及び第12条第１項各号に掲げる帳簿書類の記載内容の漏えい，滅失又は毀損の防止のために必要な措置

ト　危機管理に関する事項

十六　認証業務用設備により行われる業務の重要度に応じて，当該認証業務用設備が設置された室への立入り及びその操作に関する許諾並びに当該許諾に係る識別符号の管理が適切に行われていること。

十七　複数の者による発行者署名符号の作成及び管理その他当該発行者署名符号の漏えいを防止するために必要な措置が講じられていること。

公的個人認証法【電子署名等に係る地方公共団体情報システム機構の認証業務に関する法律】

（署名用電子証明書の発行）

第３条　住民基本台帳に記録されている者は，その者が記録されている住民基本台帳を備える市町村（特別区を含む。以下同じ。）の市町村長（特別区の区長を含む。以下同じ。）を経由して，機構に対し，自己に係る署名用電子証明書（署名利用者検証符号が当該署名利用者のものであることを証明するために作

成される電磁的記録（電子的方式，磁気的方式その他人の知覚によっては認識することができない方式で作られる記録であって，電子計算機による情報処理の用に供されるものをいう。以下同じ。）をいう。以下同じ。）の発行の申請をすることができる。

２　前項の申請をしようとする者（以下この条において「申請者」という。）は，その者が記録されている住民基本台帳を備える市町村の市町村長（以下「住所地市町村長」という。）に対し，政令で定めるところにより，当該申請者に係る住民票に記載されている事項のうち住民基本台帳法（昭和42年法律第81号）第７条第１号から第３号まで及び第７号に掲げる事項（同号に掲げる事項については，住所とする。）を記載した申請書（以下この条において「申請書」という。）を提出しなければならない。

３　住所地市町村長は，前項の規定により申請書の提出を受けたときは，申請者が当該市町村の備える住民基本台帳に記録されている者であることの確認（以下この条において「署名利用者確認」という。）をするものとし，署名利用者確認のため，総務省令で定めるところにより，これを証明する書類の提示又は提出を申請者に求めることができる。

４　住所地市町村長は，前項の規定により署名利用者確認をしたときは，主務省令で定めるところにより，当該申請者の署名利用者符号及びこれと対応する署名利用者検証符号を作成し，これらを当該申請者の個人番号カード（行政手続における特定の個人を識別するための番号の利用等に関する法律（平成25年法律第27号）第２条第７項に規定する個人番号カードをいう。第22条第４項及び第38条の２第１項において同じ。）その他の主務省令で定める電磁的記録媒体（電磁的記録に係る記録媒体をいう。以下同じ。）に記録するものとする。

５　住所地市町村長は，前項の規定による記録をしたときは，総務省令で定めるところにより，当該申請者に係る申請書の内容及び署名利用者検証符号を機構に通知するものとする。

６　前項の規定による通知を受けた機構は，総務省令で定めるところにより，機構が電子署名を行った当該申請に係る署名用電子証明書を発行し，これを住所地市町村長に通知するものとする。

７　前項の規定による通知を受けた住所地市町村長は，総務省令で定めるところにより，当該通知に係る署名用電子証明書を第４項の電磁的記録媒体に記録して申請者に提供するものとする。

8　第５項の規定による申請書の内容及び署名利用者検証符号の通知並びに第６項の規定による署名用電子証明書の通知は，総務省令で定めるところにより，住所地市町村長又は機構の使用に係る電子計算機から電気通信回線を通じて相手方である機構又は住所地市町村長の使用に係る電子計算機に送信することによって行うものとする。

（署名用電子証明書の記録事項）

第７条　署名用電子証明書には，次に掲げる事項を記録するものとする。

一　署名用電子証明書の発行の番号，発行年月日及び有効期間の満了する日

二　署名利用者検証符号及び当該署名利用者検証符号に関する事項で主務省令で定めるもの

三　署名利用者に係る住民票に記載されている事項のうち住民基本台帳法第７条第１号から第３号まで及び第７号に掲げる事項（同号に掲げる事項については，住所とする。）

四　その他主務省令で定める事項

（署名検証者等に係る届出等）

第17条　次に掲げる者は，署名利用者から通知された電子署名が行われた情報について当該署名利用者が当該電子署名を行ったことを確認するため，機構に対して次条第１項の規定による同項に規定する保存期間に係る署名用電子証明書失効情報の提供及び同条第２項の規定による同項に規定する保存期間に係る署名用電子証明書失効情報ファイルの提供を求めようとする場合には，あらかじめ，機構に対し，主務省令で定めるところにより，これらの提供を求める旨の届出をしなければならない。

一　行政機関等（情報通信技術を活用した行政の推進等に関する法律（平成14年法律第151号）第３条第２号に規定する行政機関等をいう。以下同じ。）

二　裁判所

三　行政機関等に対する申請，届出その他の手続に随伴して必要となる事項につき，電磁的方式により提供を受け，行政機関等に対し自らこれを提供し，又はその照会に応じて回答する業務を行う者として行政庁が法律の規定に基づき指定し，登録し，認定し，又は承認した者

四　電子署名及び認証業務に関する法律第８条に規定する認定認証事業者

五　電子署名及び認証業務に関する法律第２条第３項に規定する特定認証業務を行う者であって政令で定める基準に適合するものとして内閣総理大臣及び

総務大臣（以下「主務大臣」という。）が認定する者

六　前各号に掲げる者以外の者であって，署名利用者から通知された電子署名が行われた情報について当該署名利用者が当該電子署名を行ったこと又は利用者証明利用者が行った電子利用者証明について当該利用者証明利用者が当該電子利用者証明を行ったことの確認を政令で定める基準に適合して行うことができるものとして主務大臣が認定するもの

2　前項第５号又は第６号の認定（次項において「認定」という。）は，１年を下らない政令で定める期間ごとにその更新を受けなければ，その期間の経過によって，その効力を失う。

3　主務大臣は，次の各号のいずれかに該当するときは，認定を取り消すことができる。

一　認定を受けた者が第１項第５号の政令で定める基準に適合しなくなったとき又は同項第６号に規定する確認を同号の政令で定める基準に適合して行うことができなくなったと認められるとき。

二　認定を受けた者が第19条，第50条第１項又は第52条第１項若しくは第２項の規定に違反したとき。

三　認定を受けた者が第38条，第51条第１項又は第53条第１項の規定に違反したとき。

四　認定を受けた者から第50条第１項に規定する受領した署名用電子証明書失効情報等の電子計算機処理等（電子計算機処理（電子計算機を使用して行われる情報の入力，蓄積，編集，加工，修正，更新，検索，消去，出力又はこれらに類する処理をいう。）又は情報の入力のための準備作業若しくは電磁的記録媒体の保管をいう。以下同じ。）の委託（二以上の段階にわたる委託を含む。）を受けた者が同条第２項において準用する同条第１項の規定に違反したとき。

五　認定を受けた者から第51条第１項に規定する受領した利用者証明用電子証明書失効情報等の電子計算機処理等の委託（二以上の段階にわたる委託を含む。）を受けた者が同条第２項において準用する同条第１項の規定に違反したとき。

六　認定を受けた者若しくはその役員若しくは職員又はこれらの者であった者が第54条第１項の規定に違反したとき。

七　認定を受けた者若しくはその役員若しくは職員又はこれらの者であった者

が第55条第１項の規定に違反したとき。

八　認定を受けた者から第50条第１項に規定する受領した署名用電子証明書失効情報等の電子計算機処理等の委託（二以上の段階にわたる委託を含む。）を受けた者若しくはその役員若しくは職員又はこれらの者であった者が第54条第２項の規定に違反したとき。

九　認定を受けた者から第51条第１項に規定する受領した利用者証明用電子証明書失効情報等の電子計算機処理等の委託（二以上の段階にわたる委託を含む。）を受けた者若しくはその役員若しくは職員又はこれらの者であった者が第55条第２項の規定に違反したとき。

十　第50条第１項に規定する受領した署名用電子証明書失効情報等の電子計算機処理等に関する事務（認定を受けた者の委託（二以上の段階にわたる委託を含む。）を受けて行うものを含む。）に従事している者又は従事していた者が第56条第１項の規定に違反したとき。

十一　第51条第１項に規定する受領した利用者証明用電子証明書失効情報等の電子計算機処理等に関する事務（認定を受けた者の委託（二以上の段階にわたる委託を含む。）を受けて行うものを含む。）に従事している者又は従事していた者が第57条第１項の規定に違反したとき。

4　第１項の届出を受けた機構及び当該届出をした者（以下「署名検証者」という。）は，機構が次条第１項及び第２項の規定により提供を行う情報の範囲その他当該提供を行うに当たって合意しておくべきものとして主務省令で定める事項について，あらかじめ，取決めを締結しなければならない。

5　次に掲げる団体又は機関は，当該団体又は機関に所属する者で政令で定めるものに対して第20条第１項の規定による回答をするため，機構に対して次条第１項の規定による同項に規定する保存期間に係る署名用電子証明書失効情報の提供及び同条第２項の規定による同項に規定する保存期間に係る署名用電子証明書失効情報ファイルの提供を求めようとする場合（第１号に掲げる団体にあっては当該団体に所属する者が法律の規定に基づき他人の依頼を受けて行政機関等及び裁判所に対する申請，届出その他の手続を行う場合に，第２号に掲げる団体又は機関にあっては当該団体又は機関に所属する者が行政機関等及び裁判所に対する申請，届出その他の手続に必要な電磁的記録を提供する場合に限る。）には，あらかじめ，機構に対し，主務省令で定めるところにより，これらの提供を求める旨及び第20条第１項の規定による回答を受ける者（以下

「署名確認者」という。）の範囲の届出をしなければならない。

一　法律の規定に基づき他人の依頼を受けて行政機関等及び裁判所に対する申請，届出その他の手続を行う者が所属する団体で政令で定めるもの

二　行政機関等及び裁判所に対する申請，届出その他の手続に必要な電磁的記録を提供する者が所属する団体又は機関で政令で定めるもの

6　第4項の規定は，前項の届出を受けた機構及び当該届出をした者（以下「団体署名検証者」という。）について準用する。

（署名検証者等に対する署名用電子証明書失効情報の提供等）

第18条　機構は，次条第1項又は第20条第1項の規定による確認をしようとする署名検証者又は団体署名検証者（以下「署名検証者等」という。）の求めがあったときは，政令で定めるところにより，速やかに，保存期間に係る署名用電子証明書失効情報（第11条から第14条までの規定による保存期間が経過していない署名用電子証明書失効情報をいう。以下同じ。）の提供を行うものとする。

2　機構は，署名検証者等の求めに応じ，政令で定めるところにより，保存期間に係る署名用電子証明書失効情報ファイル（第16条の規定による保存期間が経過していない署名用電子証明書失効情報ファイルをいう。以下同じ。）の提供を行うことができる。

3　機構は，署名検証者が第36条第2項に規定する利用者証明検証者である場合において，当該署名検証者の求めがあったときは，政令で定めるところにより，速やかに，次の各号に掲げる場合の区分に応じ，それぞれ当該各号に定める事項（以下「対応証明書の発行の番号」という。）を提供するものとする。

一　利用者証明利用者について当該利用者証明利用者に係る署名用電子証明書の発行の番号の求めがあったとき　第5条の規定による有効期間が経過していない当該利用者証明利用者に係る署名用電子証明書の発行の番号

二　署名利用者について当該署名利用者に係る第22条第1項に規定する利用者証明用電子証明書の発行の番号の求めがあったとき　第24条の規定による有効期間が経過していない当該署名利用者に係る同項に規定する利用者証明用電子証明書の発行の番号

4　機構は，次の各号のいずれかに該当し，又は該当するおそれがあると認めるときは，署名検証者等に対する前3項の規定による保存期間に係る署名用電子証明書失効情報，保存期間に係る署名用電子証明書失効情報ファイル又は対応

証明書の発行の番号の提供を停止することができる。

一　署名検証者等が次条，第20条第１項若しくは第３項，第50条第１項又は第52条第１項から第３項までの規定に違反したとき。

二　署名検証者等から第50条第１項に規定する受領した署名用電子証明書失効情報等の電子計算機処理等の委託（二以上の段階にわたる委託を含む。）を受けた者が同条第２項において準用する同条第１項の規定に違反したとき。

三　署名検証者等若しくはその役員若しくは職員又はこれらの者であった者が第54条第１項の規定に違反したとき。

四　署名検証者等から第50条第１項に規定する受領した署名用電子証明書失効情報等の電子計算機処理等の委託（二以上の段階にわたる委託を含む。）を受けた者若しくはその役員若しくは職員又はこれらの者であった者が第54条第２項の規定に違反したとき。

五　第50条第１項に規定する受領した署名用電子証明書失効情報等の電子計算機処理等に関する事務（署名検証者等の委託（二以上の段階にわたる委託を含む。）を受けて行うものを含む。）に従事している者又は従事していた者が第56条第１項の規定に違反したとき。

六　署名検証者等が第36条第２項に規定する利用者証明検証者である場合において，第37条第３項の規定により同条第１項に規定する保存期間に係る利用者証明用電子証明書失効情報又は同条第２項に規定する保存期間に係る利用者証明用電子証明書失効情報ファイルの提供を停止されたとき。

5　機構は，次の各号のいずれかに該当し，又は該当するおそれがある場合において，特に必要があると認めるときは，団体署名検証者に対する第１項又は第２項の規定による保存期間に係る署名用電子証明書失効情報又は保存期間に係る署名用電子証明書失効情報ファイルの提供を停止することができる。

一　署名確認者が第21条，第50条第３項又は第52条第４項の規定に違反したとき。

二　署名確認者から第50条第３項に規定する受領した回答の電子計算機処理等の委託（二以上の段階にわたる委託を含む。）を受けた者が同条第４項において準用する同条第３項の規定に違反したとき。

三　署名確認者若しくはその役員若しくは職員又はこれらの者であった者が第54条第３項において準用する同条第１項の規定に違反したとき。

四　署名確認者から第50条第３項に規定する受領した回答の電子計算機処理等

の委託（二以上の段階にわたる委託を含む。）を受けた者若しくはその役員若しくは職員又はこれらの者であった者が第54条第３項において準用する同条第２項の規定に違反したとき。

五　第50条第３項に規定する受領した回答の電子計算機処理等に関する事務（署名確認者の委託（二以上の段階にわたる委託を含む。）を受けて行うものを含む。）に従事している者又は従事していた者が第56条第２項において準用する同条第１項の規定に違反したとき。

（利用者証明用電子証明書の発行）

第22条　住民基本台帳に記録されている者は，住所地市町村長を経由して，機構に対し，自己に係る利用者証明用電子証明書（利用者証明利用者検証符号が当該利用者証明利用者のものであることを証明するために作成される電磁的記録をいう。以下同じ。）の発行の申請をすることができる。

２　前項の申請をしようとする者（以下この条において「申請者」という。）は，住所地市町村長に対し，政令で定めるところにより，当該申請者に係る住民票に記載されている事項のうち住民基本台帳法第７条第１号から第３号まで及び第７号に掲げる事項（同号に掲げる事項については，住所とする。）を記載した申請書（以下この条において「申請書」という。）を提出しなければならない。

３　住所地市町村長は，前項の規定により申請書の提出を受けたときは，申請者が当該市町村の備える住民基本台帳に記録されている者であることの確認（以下この条において「利用者証明利用者確認」という。）をするものとし，利用者証明利用者確認のため，総務省令で定めるところにより，これを証明する書類の提示又は提出を申請者に求めることができる。

４　住所地市町村長は，前項の規定により利用者証明利用者確認をしたときは，主務省令で定めるところにより，当該申請者の利用者証明利用者符号及びこれと対応する利用者証明利用者検証符号を作成し，これらを当該申請者の個人番号カードその他の主務省令で定める電磁的記録媒体に記録するものとする。

５　住所地市町村長は，前項の規定による記録をしたときは，総務省令で定めるところにより，当該申請者に係る申請書の内容及び利用者証明利用者検証符号を機構に通知するものとする。

６　前項の規定による通知を受けた機構は，総務省令で定めるところにより，機構が電子署名を行った当該申請に係る利用者証明用電子証明書を発行し，これを住所地市町村長に通知するものとする。

7　前項の規定による通知を受けた住所地市町村長は，総務省令で定めるところにより，当該通知に係る利用者証明用電子証明書を第４項の電磁的記録媒体に記録して申請者に提供するものとする。

8　第５項の規定による申請書の内容及び利用者証明利用者検証符号の通知並びに第６項の規定による利用者証明用電子証明書の通知は，総務省令で定めるところにより，住所地市町村長又は機構の使用に係る電子計算機から電気通信回線を通じて相手方である機構又は住所地市町村長の使用に係る電子計算機に送信することによって行うものとする。

（利用者証明用電子証明書の記録事項）

第26条　利用者証明用電子証明書には，次に掲げる事項を記録するものとする。

一　利用者証明用電子証明書の発行の番号，発行年月日及び有効期間の満了する日

二　利用者証明利用者検証符号及び当該利用者証明利用者検証符号に関する事項で主務省令で定めるもの

三　その他主務省令で定める事項

（利用者証明検証者に対する利用者証明用電子証明書失効情報の提供等）

第37条　機構は，次条第１項の規定による確認をしようとする利用者証明検証者の求めがあったときは，政令で定めるところにより，速やかに，保存期間に係る利用者証明用電子証明書失効情報（第30条から第33条までの規定による保存期間が経過していない利用者証明用電子証明書失効情報をいう。以下同じ。）の提供を行うものとする。

2　機構は，利用者証明検証者の求めに応じ，政令で定めるところにより，保存期間に係る利用者証明用電子証明書失効情報ファイル（第35条の規定による保存期間が経過していない利用者証明用電子証明書失効情報ファイルをいう。以下同じ。）の提供を行うことができる。

3　機構は，次の各号のいずれかに該当し，又は該当するおそれがあると認めるときは，利用者証明検証者に対する前２項の規定による保存期間に係る利用者証明用電子証明書失効情報又は保存期間に係る利用者証明用電子証明書失効情報ファイルの提供を停止することができる。

一　利用者証明検証者が次条，第51条第１項又は第53条第１項の規定に違反したとき。

二　利用者証明検証者から第51条第１項に規定する受領した利用者証明用電子証明書失効情報等の電子計算機処理等の委託（二以上の段階にわたる委託を含む。）を受けた者が同条第２項において準用する同条第１項の規定に違反したとき。

三　利用者証明検証者若しくはその役員若しくは職員又はこれらの者であった者が第55条第１項の規定に違反したとき。

四　利用者証明検証者から第51条第１項に規定する受領した利用者証明用電子証明書失効情報等の電子計算機処理等の委託（二以上の段階にわたる委託を含む。）を受けた者若しくはその役員若しくは職員又はこれらの者であった者が第55条第２項の規定に違反したとき。

五　第51条第１項に規定する受領した利用者証明用電子証明書失効情報等の電子計算機処理等に関する事務（利用者証明検証者の委託（二以上の段階にわたる委託を含む。）を受けて行うものを含む。）に従事している者又は従事していた者が第57条第１項の規定に違反したとき。

六　利用者証明検証者が署名検証者等である場合において，第18条第４項の規定により保存期間に係る署名用電子証明書失効情報，保存期間に係る署名用電子証明書失効情報ファイル又は対応証明書の発行の番号の提供を停止されたとき。

商業登記法

（電磁的記録の作成者を示す措置の確認に必要な事項等の証明）

第12条の２　前条第１項各号に掲げる者（以下この条において「被証明者」という。）は，この条に規定するところにより次の事項（第２号の期間については，デジタル庁令・法務省令で定めるものに限る。）の証明を請求することができる。ただし，代表権の制限その他の事項でこの項の規定による証明に適しないものとしてデジタル庁令・法務省令で定めるものがあるときは，この限りでない。

一　電磁的記録に記録することができる情報が被証明者の作成に係るものであることを示すために講ずる措置であつて，当該情報が他の情報に改変されているかどうかを確認することができる等被証明者の作成に係るものであることを確実に示すことができるものとしてデジタル庁令・法務省令で定めるも

のについて，当該被証明者が当該措置を講じたものであることを確認するために必要な事項

二　この項及び第３項の規定により証明した事項について，第８項の規定による証明の請求をすることができる期間

2　前項の規定による証明の請求は，同項各号の事項を明らかにしてしなければならない。

3　第１項の規定により証明を請求した被証明者は，併せて，自己に係る登記事項であつてデジタル庁令・法務省令で定めるものの証明を請求することができる。

4　第１項の規定により証明を請求する被証明者は，政令で定める場合を除くほか，手数料を納付しなければならない。

5　第１項及び第３項の規定による証明は，法務大臣の指定する登記所の登記官がする。ただし，これらの規定による証明の請求は，当事者の営業所（会社にあつては，本店）の所在地を管轄する登記所を経由してしなければならない。

6　前項の指定は，告示してしなければならない。

7　第１項の規定により証明を請求した被証明者は，同項第２号の期間中において同項第１号の事項が当該被証明者が同号の措置を講じたものであることを確認するために必要な事項でなくなつたときは，第５項本文の登記所に対し，同項ただし書の登記所を経由して，その旨を届け出ることができる。

8　何人でも，第５項本文の登記所に対し，次の事項の証明を請求することができる。

一　第１項及び第３項の規定により証明した事項の変更（デジタル庁令・法務省令で定める軽微な変更を除く。）の有無

二　第１項第２号の期間の経過の有無

三　前項の届出の有無及び届出があつたときはその年月日

四　前３号に準ずる事項としてデジタル庁令・法務省令で定めるもの

9　第１項及び第３項の規定による証明並びに前項の規定による証明及び証明の請求は，デジタル庁令・法務省令で定めるところにより，登記官が使用する電子計算機と請求をする者が使用する電子計算機とを接続する電気通信回線を通じて送信する方法その他の方法によつて行うものとする。

商業登記規則

（電子証明書に係る証明の期間）

第33条の２　法第12条の２第１項第２号の期間は，３月の整数倍の期間であつて同項の規定による請求をする者が定めるものとする。ただし，２年３月を超えることができない。

（電子証明書による証明に適しない事項）

第33条の３　法第12条の２第１項ただし書のデジタル庁令・法務省令で定める事項は，次に掲げる事項とする。

一　代表権又は代理権の範囲又は制限に関する定め

二　未成年者登記簿，後見人登記簿又は支配人登記簿に登記された者であること。

三　管財人等の職務を行うべき者として指名された者であること。

（電子署名の方法）

第33条の４　法第12条の２第１項第１号のデジタル庁令・法務省令で定める措置は，電磁的記録に記録することができる情報に，産業標準化法（昭和24年法律第185号）に基づく日本産業規格（以下「日本産業規格」という。）X573118の附属書Ｄに適合する方法であつて同附属書に定めるｎの長さの値が2048ビットであるものを講ずる措置とする。

（証明する登記事項）

第33条の５　法第12条の２第３項のデジタル庁令・法務省令で定める登記事項は，被証明事項（出生の年月日，支配人である旨及び資格を除く。）とする。ただし，商号使用者にあつては，商号，営業所及び氏名とする。

（電子証明書による証明の請求）

第33条の６　法第12条の２第１項及び第３項の規定による証明（以下「電子証明書による証明」という。）を請求するには，申請書及び電磁的記録（電子的方式，磁気的方式その他人の知覚によつては認識することができない方式で作られる記録であつて，電子計算機による情報処理の用に供されるものをいう。以下同じ。）を提出しなければならない。

２　前項の申請書には，次に掲げる事項を記載し，申請人又はその代理人が記名しなければならない。

一　被証明事項（商号使用者にあつては，商号，営業所，氏名，出生の年月日

及び商号使用者である旨）
二　代理人によつて請求するときは，その氏名及び住所
三　法第12条の２第１項第２号の期間
四　手数料の額
五　年月日
六　登記所の表示
3　第１項の申請書又は委任による代理人の権限を証する書面には，申請人が登記所に提出している印鑑を押印しなければならない。
4　第１項の電磁的記録は，次の各号のいずれかに該当する構造の電磁的記録媒体（電磁的記録に係る記録媒体をいう。以下同じ。）に記録して提出しなければならない。
一　日本産業規格Ｘ0606又はＸ0610に適合する120ミリメートル光ディスク
二　内閣総理大臣及び法務大臣の指定する構造の不揮発性半導体記憶装置
5　第１項の電磁的記録には，内閣総理大臣及び法務大臣の指定する方式に従い，次に掲げる事項を記録しなければならない。
一　第２項第１号及び第３号に掲げる事項（出生の年月日を除く。）
二　第33条の４の附属書Ｄに定める公開かぎの値
三　第33条の４に定める措置を特定する符号として内閣総理大臣及び法務大臣の指定するもの
四　内閣総理大臣及び法務大臣の指定する方式に従つて申請人が定める識別符号（第33条の13第１項の規定による届出をする者を他の者と区別して識別するためのもの）
6　第１項の電磁的記録には，内閣総理大臣及び法務大臣の指定する方式に従い，当該電磁的記録に記録する商号，その略称若しくは当該電磁的記録に記録する氏名の表音をローマ字その他の符号で表示したもの又は当該商号の訳語若しくはその略称をローマ字その他の符号で表示したものを記録することができる。
7　前項に規定する略称の表音又は訳語若しくはその略称をローマ字その他の符号で表示したものを記録する場合には，第１項の申請書に，定款その他の当該記録する事項を証する書面（法第19条の２に規定する電磁的記録を含む。）を添付しなければならない。
8　第４項第２号，第５項及び第６項の指定は，告示してしなければならない。

（申請書の処理等）

第33条の７　登記官が前条の申請書及び電磁的記録を受け取つたときは，申請書に受付の年月日を記載した上，受付の順序に従つて，電磁的記録に記録された事項その他当該事件の処理に必要な事項を法第12条の２第５項の指定がされた登記所（以下「電子認証登記所」という。）に通知しなければならない。

２　前項の規定による通知を受けた電子認証登記所の登記官は，通知を受けた順序に従つて相当の処分をしなければならない。

（電子証明書）

第33条の８　電子証明書による証明をするには，内閣総理大臣及び法務大臣の指定する方式に従い，電磁的記録に記録することができる情報に電子認証登記所の登記官が第33条の４に定める措置を講じたものを申請人に送信する方法によらなければならない。

２　前項の規定により送信する情報（以下この章において「電子証明書」という。）には，内閣総理大臣及び法務大臣の指定する方式に従い，次に掲げる事項を表さなければならない。

一　第33条の６第５項第１号から第３号まで及び第６項の規定により同条第１項の電磁的記録に記録された事項

二　電子証明書の番号

三　電子証明書の作成年月日時

四　法第12条の２第１項の登記所

五　電子認証登記所及び登記官

六　その他内閣総理大臣及び法務大臣の指定する事項

３　前２項の指定は，告示してしなければならない。

４　内閣総理大臣及び法務大臣は，電子認証登記所の登記官が第１項の措置を講じたものであることを確認するために必要な事項を告示する。

（電子情報処理組織による登記の申請等）

第101条　次に掲げる申請，提出，届出又は請求（以下「申請等」という。）は，情報通信技術活用法第６条第１項の規定により，同項に規定する電子情報処理組織を使用する方法によつてすることができる。ただし，当該申請等は，法務大臣が定める条件に適合するものでなければならない。

一　登記の申請（これと同時にする受領証の交付の請求を含む。以下同じ。）

二　印鑑の提出又は廃止の届出（前号の登記の申請と同時にする場合に限る。）

三　電子証明書による証明の請求

四　電子証明書の使用の廃止の届出

五　電子証明書の使用の再開の届出

六　識別符号の変更の届出

七　電子証明書による証明の再度の請求

八　登記事項証明書又は印鑑の証明書の交付の請求

2　前項第８号の規定は，後見人である法人の代表者（当該代表者が法人である場合にあつては，当該代表者の職務を行うべき者）又は管財人等の職務を行うべき者として指名された者が提出した印鑑の証明書については，適用しない。

3　情報通信技術活用法第６条第１項に規定する主務省令で定める電子情報処理組織は，登記所の使用に係る電子計算機と第１項に規定する申請等をする者の使用に係る電子計算機であつて法務大臣の定める技術的基準に適合するものとを電気通信回線で接続した電子情報処理組織をいう。

4　情報通信技術活用法第６条第６項に規定する主務省令で定める場合は，申請等に係る書面等のうちにその原本を確認する必要があると登記官が認める場合とする。

(登記申請の方法)

第102条　前条第１項第１号の規定により登記の申請をするには，申請人又はその代表者若しくは代理人（以下この章において「申請人等」という。）は，法務大臣の定めるところに従い，法令の規定により申請書に記載すべき事項に係る情報に第33条の４に定める措置を講じたもの（以下「申請書情報」という。）を送信しなければならない。

2　申請人等は，法令の規定により登記の申請書に添付すべき書面（法第19条の２に規定する電磁的記録を含む。）があるときは，法務大臣の定めるところに従い，当該書面に代わるべき情報にその作成者（認証を要するものについては，作成者及び認証者。第５項において同じ。）が前項に規定する措置を講じたもの（以下「添付書面情報」という。）を送信しなければならない。ただし，添付書面情報の送信に代えて，登記所に当該書面を提出し，又は送付することを妨げない。

3　申請人等（委任による代理人を除く。）が登記の申請をする場合において，申請書情報を送信するときは，当該申請人等が第１項に規定する措置を講じたものであることを確認するために必要な事項を証する情報であつて次のいずれかに該当するものを併せて送信しなければならない。
一　第33条の８第２項（他の省令において準用する場合を含む。）に規定する電子証明書
二　電子署名等に係る地方公共団体情報システム機構の認証業務に関する法律第３条第１項の規定により作成された署名用電子証明書
三　電子署名及び認証業務に関する法律（平成12年法律第102号）第８条に規定する認定認証事業者が作成した電子証明書（電子署名及び認証業務に関する法律施行規則（平成13年総務省・法務省・経済産業省令第２号）第４条第１号に規定する電子証明書をいう。）その他の電子証明書であつて，氏名，住所，出生の年月日その他の事項により当該措置を講じた者を確認することができるものとして法務大臣の定めるもの
四　官庁が嘱託する場合にあつては，官庁が作成した電子証明書であつて，登記官が当該措置を講じた者を確認することができるものとして法務大臣の定めるもの

4　委任による代理人によつて登記の申請をする場合において，申請書情報を送信するときは，当該代理人が第１項に規定する措置を講じたものであることを確認するために必要な事項を証する情報であつて次のいずれかに該当するものを併せて送信しなければならない。
一　前項各号に掲げる電子証明書
二　当該措置を講じた者を確認することができる電子証明書であつて，前号に掲げるものに準ずるものとして法務大臣の定めるもの

5　申請人等が添付書面情報を送信するときは，次の各号に掲げる情報の区分に応じ，それぞれ当該情報の作成者が第１項に規定する措置を講じたものであることを確認するために必要な事項を証する情報であつて当該各号に定めるものを併せて送信しなければならない。
一　委任による代理人の権限を証する情報　第３項各号に掲げる電子証明書
二　前号に規定する情報以外の情報　前項各号に掲げる電子証明書又は指定公証人の行う電磁的記録に関する事務に関する省令第３条第１項に規定する指定公証人電子証明書

（添付書面の特則）

第103条　第101条第１項第１号の規定により登記の申請をする場合において，申請人等が，前条第２項の添付書面情報として，第61条第７項の就任を承諾し

たことを証する書面に代わるべき情報であつて当該就任を承諾した取締役等（成年後見人又は保佐人が本人に代わつて承諾する場合にあつては，同意をした本人である取締役等。以下この条において同じ。）が第33条の４に定める措置を講じたものを送信し，併せて，前条第５項第２号の規定により同条第３項第２号又は第３号に掲げる電子証明書を送信したときは，当該申請については，当該就任を承諾した取締役等についての第61条第７項の規定は適用しない。

情報通信技術を活用した行政の推進等に関する法律

（電子情報処理組織による申請等）

第６条　申請等のうち当該申請等に関する他の法令の規定において書面等により行うことその他のその方法が規定されているものについては，当該法令の規定にかかわらず，主務省令で定めるところにより，主務省令で定める電子情報処理組織（行政機関等の使用に係る電子計算機（入出力装置を含む。以下同じ。）とその手続等の相手方の使用に係る電子計算機とを電気通信回線で接続した電子情報処理組織をいう。次章を除き，以下同じ。）を使用する方法により行うことができる。

２　前項の電子情報処理組織を使用する方法により行われた申請等については，当該申請等に関する他の法令の規定に規定する方法により行われたものとみなして，当該法令その他の当該申請等に関する法令の規定を適用する。

３　第１項の電子情報処理組織を使用する方法により行われた申請等は，当該申請等を受ける行政機関等の使用に係る電子計算機に備えられたファイルへの記録がされた時に当該行政機関等に到達したものとみなす。

４　申請等のうち当該申請等に関する他の法令の規定において署名等をすることが規定されているものを第１項の電子情報処理組織を使用する方法により行う場合には，当該署名等については，当該法令の規定にかかわらず，電子情報処理組織を使用した個人番号カード（行政手続における特定の個人を識別するための番号の利用等に関する法律（平成25年法律第27号）第２条第７項に規定する個人番号カードをいう。第11条において同じ。）の利用その他の氏名又は名称を明らかにする措置であって主務省令で定めるものをもって代えることができる。

５　申請等のうち当該申請等に関する他の法令の規定において収入印紙をもって

することその他の手数料の納付の方法が規定されているものを第１項の電子情報処理組織を使用する方法により行う場合には，当該手数料の納付については，当該法令の規定にかかわらず，電子情報処理組織を使用する方法その他の情報通信技術を利用する方法であって主務省令で定めるものをもってすることができる。

6　申請等をする者について対面により本人確認をするべき事情がある場合，申請等に係る書面等のうちにその原本を確認する必要があるものがある場合その他の当該申請等のうちに第１項の電子情報処理組織を使用する方法により行うことが困難又は著しく不適当と認められる部分がある場合として主務省令で定める場合には，主務省令で定めるところにより，当該申請等のうち当該部分以外の部分につき，前各項の規定を適用する。この場合において，第２項中「行われた申請等」とあるのは，「行われた申請等（第６項の規定により前項の規定を適用する部分に限る。以下この項から第５項までにおいて同じ。）」とする。

電子委任状法【電子委任状の普及の促進に関する法律】

（定義）

第２条　この法律において「電子委任状」とは，電子契約の一方の当事者となる事業者（法人にあっては，その代表者。第４項第１号において同じ。）が当該事業者の使用人その他の関係者に代理権を与えた旨（第３項において「代理権授与」という。）を表示する電磁的記録（電子的方式，磁気的方式その他人の知覚によっては認識することができない方式で作られる記録であって，電子計算機による情報処理の用に供されるものをいう。次項及び第３項において同じ。）をいう。

2　この法律において「電子契約」とは，事業者が一方の当事者となる契約であって，電子情報処理組織を使用する方法その他の情報通信の技術を利用する方法により契約書に代わる電磁的記録が作成されるものをいう。

3　この法律において「電子委任状取扱業務」とは，代理権授与を表示する目的で，電子契約の一方の当事者となる事業者の委託を受けて，電子情報処理組織を使用する方法その他の情報通信の技術を利用する方法により，電子委任状を保管し，当該電子契約の他方の当事者となる者又はその使用人その他の関係者に対し，当該電子委任状（当該事業者が法人である場合にあっては，委任者として記録された当該法人の代表者が当該法人の代表権を有していることを確認している旨を表示する電磁的記録（第11条第１項において「代表権の確認に関する電磁的記録」という。）を含む。）を提示し，又は提出する業務をいう。

４　この法律において「特定電子委任状」とは，次の各号のいずれにも該当する電子委任状をいう。

一　電子委任状に記録された情報について次に掲げる措置が行われているものであること。

イ　電子委任状に委任者として記録された事業者による電子署名及び認証業務に関する法律（平成12年法律第102号）第２条第１項に規定する電子署名（同法第８条に規定する認定認証事業者又は同法第15条第２項に規定する認定外国認証事業者によりその認定に係る業務として同法第２条第２項の規定による証明が行われるものその他これに準ずるものとして主務省令で定めるものに限る。）

ロ　イに掲げるもののほか，当該情報が当該電子委任状に委任者として記録された事業者の作成に係るものであるかどうか及び当該情報について改変が行われていないかどうかを確認することができる措置として主務省令で定める措置

二　電子委任状に記録された情報が次条第１項に規定する基本指針において定められた同条第２項第３号に規定する記録方法の標準に適合する方法で記録されているものであること。

（基本指針）

第３条　主務大臣は，電子委任状の普及を促進するための基本的な指針（以下「基本指針」という。）を定めるものとする。

２　基本指針においては，次に掲げる事項を定めるものとする。

一　電子委任状の普及の意義及び目標に関する事項

二　電子契約の当事者その他の関係者の電子委任状に関する理解を深めるための施策に関する基本的な事項

三　電子委任状に記録される情報の記録方法の標準その他電子委任状の信頼性の確保及び利便性の向上のための施策に関する基本的な事項

四　電子委任状取扱業務を営み，又は営もうとする者の電子委任状取扱業務の実施の方法について第５条第１項の認定の基準となるべき事項

五　その他電子委任状の普及を促進するために必要な事項

３　主務大臣は，基本指針を定め，又は変更しようとするときは，あらかじめ，関係行政機関の長に協議しなければならない。

４　主務大臣は，基本指針を定め，又は変更したときは，遅滞なく，これを公表しなければならない。

（電子委任状取扱業務の認定）

第５条　電子委任状取扱業務を営み，又は営もうとする者は，主務大臣の認定を受けることができる。

２　前項の認定を受けようとする者は，主務省令で定めるところにより，次に掲げる事項を記載した申請書その他主務省令で定める書類を主務大臣に提出しなければならない。

一　氏名又は名称及び住所並びに法人にあっては，その代表者の氏名

二　申請に係る電子委任状取扱業務の範囲及びその実施の方法

三　申請に係る電子委任状取扱業務を実施するに当たり，次のイからへまでに掲げる場合に該当する場合には，それぞれイからへまでに定める事項

イ　電気通信事業法（昭和59年法律第86号）第９条の登録を受けなければならない場合　同法第10条第１項第２号から第５号までの事項

ロ　電気通信事業法第13条第１項の変更登録を受けなければならない場合　同法第10条第１項第３号又は第４号の事項のうち当該申請に係る電子委任状取扱業務を実施するに当たり変更することとなるもの

ハ　電気通信事業法第13条第４項の届出をしなければならない場合　同法第10条第１項第２号から第５号までの事項のうち当該申請に係る電子委任状取扱業務を実施するに当たり変更することとなるもの

ニ　電気通信事業法第16条第１項の届出をしなければならない場合　同項第２号から第５号までの事項

ホ　電気通信事業法第16条第２項の届出をしなければならない場合　同条第１項第２号又は第５号の事項のうち当該申請に係る電子委任状取扱業務を実施するに当たり変更することとなるもの

へ　電気通信事業法第16条第３項の届出をしなければならない場合　同条第１項第３号又は第４号の事項のうち当該申請に係る電子委任状取扱業務を実施するに当たり変更することとなるもの

３　主務大臣は，第１項の認定の申請があった場合において，その申請に係る電子委任状取扱業務が次の各号のいずれにも該当すると認めるときは，その認定

をするものとする。

一　その取り扱う電子委任状が専ら特定電子委任状であること。

二　その実施の方法が基本指針において定められた第３条第２項第４号に掲げる事項に適合していること。

4　次の各号のいずれかに該当する者は，第１項の認定を受けることができない。

一　この法律の規定により刑に処せられ，その執行を終わり，又は執行を受けることがなくなった日から２年を経過しない者

二　第12条第１項の規定により第１項の認定を取り消され，その取消しの日から２年を経過しない者

三　法人又は団体であって，その業務を行う役員のうちに前２号のいずれかに該当する者があるもの

四　申請に係る電子委任状取扱業務を実施するに当たり，電気通信事業法第９条の登録又は同法第13条第１項の変更登録を受けなければならない場合において，同法第12条第１項各号のいずれかに該当する者

5　主務大臣は，第１項の認定をしたときは，その旨を公示しなければならない。

電子委任状法施行規則【電子委任状の普及の促進に関する法律施行規則】

（特定電子委任状の要件となる措置）

第２条　法第２条第４項第１号イの主務省令で定めるものは，次の各号に掲げるものとする。

一　商業登記法（昭和38年法律第125号）第12条の２第１項及び第３項の規定により証明されるもの

二　電子署名等に係る地方公共団体情報システム機構の認証業務に関する法律（平成14年法律第153号）第３条第６項の規定に基づき地方公共団体情報システム機構が発行した署名用電子証明書により証明されるもの

2　法第２条第４項第１号ロの主務省令で定める措置は，次の各号のいずれかの措置をいう。

一　電子委任状取扱業務を営む者（以下「電子委任状取扱事業者」という。）が，委任者の委託を受けて，電子委任状の内容を受任者の電子証明書（受任者が電子署名を行ったものであることを確認するために用いられる事項が当該受任者に係るものであることを証明するために作成する電磁的記録をいう。

次号において同じ。）に記録する場合において，当該電子証明書に行う電子署名及び認証業務に関する法律施行規則（平成13年総務省・法務省・経済産業省令第２号）第２条に定める基準に該当する電子署名その他これに準ずる措置

二　電子委任状取扱事業者が，委任者の委託を受けて，電子委任状の内容を受任者の電子証明書とは別の電磁的記録に記録する場合において，当該電磁的記録に行う電子署名その他これに準ずる措置

電子帳簿保存法【電子計算機を使用して作成する国税関係帳簿書類の保存方法等の特例に関する法律】

（定義）

第２条　この法律において，次の各号に掲げる用語の意義は，当該各号に定めるところによる。

一　～四　省略

五　電子取引　取引情報（取引に関して受領し，又は交付する注文書，契約書，送り状，領収書，見積書その他これらに準ずる書類に通常記載される事項をいう。以下同じ。）の授受を電磁的方式により行う取引をいう。

六　省略

（電子取引の取引情報に係る電磁的記録の保存）

第７条　所得税（源泉徴収に係る所得税を除く。）及び法人税に係る保存義務者は，電子取引を行った場合には，財務省令で定めるところにより，当該電子取引の取引情報に係る電磁的記録を保存しなければならない。

電子帳簿保存法施行規則【電子計算機を使用して作成する国税関係帳簿書類の保存方法等の特例に関する法律施行規則】

（国税関係帳簿書類の電磁的記録による保存等）

第２条

１　省略

２　法第４条第１項の規定により国税関係帳簿（同項に規定する国税関係帳簿をいう。第６項第４号を除き，以下同じ。）に係る電磁的記録の備付け及び保存

をもって当該国税関係帳簿の備付け及び保存に代えようとする保存義務者は，次に掲げる要件（当該保存義務者が第５条第５項第１号に定める要件に従って当該電磁的記録の備付け及び保存を行っている場合には，第３号に掲げる要件を除く。）に従って当該電磁的記録の備付け及び保存をしなければならない。

一　当該国税関係帳簿に係る電磁的記録の備付け及び保存に併せて，次に掲げる書類（当該国税関係帳簿に係る電子計算機処理に当該保存義務者が開発したプログラム（電子計算機に対する指令であって，一の結果を得ることができるように組み合わされたものをいう。以下この項及び第６項第５号において同じ。）以外のプログラムを使用する場合にはイ及びロに掲げる書類を除くものとし，当該国税関係帳簿に係る電子計算機処理を他の者（当該電子計算機処理に当該保存義務者が開発したプログラムを使用する者を除く。）に委託している場合にはハに掲げる書類を除くものとする。）の備付けを行うこと。

イ　当該国税関係帳簿に係る電子計算機処理システム（電子計算機処理に関するシステムをいう。以下同じ。）の概要を記載した書類

ロ　当該国税関係帳簿に係る電子計算機処理システムの開発に際して作成した書類

ハ　当該国税関係帳簿に係る電子計算機処理システムの操作説明書

ニ　当該国税関係帳簿に係る電子計算機処理並びに当該国税関係帳簿に係る電磁的記録の備付け及び保存に関する事務手続を明らかにした書類（当該電子計算機処理を他の者に委託している場合には，その委託に係る契約書並びに当該国税関係帳簿に係る電磁的記録の備付け及び保存に関する事務手続を明らかにした書類）

二　当該国税関係帳簿に係る電磁的記録の備付け及び保存をする場所に当該電磁的記録の電子計算機処理の用に供することができる電子計算機，プログラム，ディスプレイ及びプリンタ並びにこれらの操作説明書を備え付け，当該電磁的記録をディスプレイの画面及び書面に，整然とした形式及び明瞭な状態で，速やかに出力することができるようにしておくこと。

三　国税に関する法律の規定による当該国税関係帳簿に係る電磁的記録の提示又は提出の要求に応じることができるようにしておくこと。

３～５　省略

６　法第４条第３項の規定により国税関係書類（同項に規定する国税関係書類に

限る。以下この条において同じ。）に係る電磁的記録の保存をもって当該国税関係書類の保存に代えようとする保存義務者は，次に掲げる要件（当該保存義務者が国税に関する法律の規定による当該電磁的記録の提示又は提出の要求に応じることができるようにしている場合には，第６号（ロ及びハに係る部分に限る。）に掲げる要件を除く。）に従って当該電磁的記録の保存をしなければならない。

一～五　省略

六　当該国税関係書類に係る電磁的記録の記録事項の検索をすることができる機能（次に掲げる要件を満たすものに限る。）を確保しておくこと。

イ　取引年月日その他の日付，取引金額及び取引先（ロ及びハにおいて「記録項目」という。）を検索の条件として設定することができること。

ロ　日付又は金額に係る記録項目については，その範囲を指定して条件を設定することができること。

ハ　二以上の任意の記録項目を組み合わせて条件を設定することができること。

七　第２項第１号の規定は，法第４条第３項の規定により国税関係書類に係る電磁的記録の保存をもって当該国税関係書類の保存に代えようとする保存義務者の当該電磁的記録の保存について準用する。

７～12　省略

（電子取引の取引情報に係る電磁的記録の保存）

第４条　法第７条に規定する保存義務者は，電子取引を行った場合には，当該電子取引の取引情報（法第２条第５号に規定する取引情報をいう。以下この項及び第３項において同じ。）に係る電磁的記録を，当該取引情報の受領が書面により行われたとした場合又は当該取引情報の送付が書面により行われその写しが作成されたとした場合に，国税に関する法律の規定により，当該書面を保存すべきこととなる場所に，当該書面を保存すべきこととなる期間，次に掲げる措置のいずれかを行い，第２条第２項第２号及び第６項第６号並びに同項第７号において準用する同条第２項第１号（同号イに係る部分に限る。）に掲げる要件（当該保存義務者が国税に関する法律の規定による当該電磁的記録の提示又は提出の要求に応じることができるようにしている場合には，同条第６項第６号（ロ及びハに係る部分に限る。）に掲げる要件（当該保存義務者が，その判定期間に係る基準期間における売上高が1,000万円以下である事業者である場合であって，当該要求に応じることができるようにしているときは，同号に掲げる要件）を除く。）に従って保存しなければならない。

一　当該電磁的記録の記録事項にタイムスタンプが付された後，当該取引情報の授受を行うこと。

二　次に掲げる方法のいずれかにより，当該電磁的記録の記録事項にタイムスタンプを付すとともに，当該電磁的記録の保存を行う者又はその者を直接監督する者に関する情報を確認することができるようにしておくこと。

イ　当該電磁的記録の記録事項にタイムスタンプを付すことを当該取引情報の授受後，速やかに行うこと。

ロ　当該電磁的記録の記録事項にタイムスタンプを付すことをその業務の処理に係る通常の期間を経過した後，速やかに行うこと（当該取引情報の授受から当該記録事項にタイムスタンプを付すまでの各事務の処理に関する規程を定めている場合に限る。）。

三　次に掲げる要件のいずれかを満たす電子計算機処理システムを使用して当該取引情報の授受及び当該電磁的記録の保存を行うこと。

イ　当該電磁的記録の記録事項について訂正又は削除を行った場合には，これらの事実及び内容を確認することができること。

ロ　当該電磁的記録の記録事項について訂正又は削除を行うことができないこと。

四　当該電磁的記録の記録事項について正当な理由がない訂正及び削除の防止に関する事務処理の規程を定め，当該規程に沿った運用を行い，当該電磁的記録の保存に併せて当該規程の備付けを行うこと。

2　前項及びこの項において，次の各号に掲げる用語の意義は，当該各号に定めるところによる。

一　事業者　個人事業者（業務を行う個人をいう。以下この項において同じ。）及び法人をいう。

二　判定期間　次に掲げる事業者の区分に応じそれぞれ次に定める期間をいう。

イ　個人事業者　電子取引を行った日の属する年の１月１日から12月31日までの期間

ロ　法人　電子取引を行った日の属する事業年度（法人税法第13条及び第14条（事業年度）に規定する事業年度をいう。次号において同じ。）

三　基準期間　個人事業者についてはその年の前々年をいい，法人についてはその事業年度の前々事業年度（当該前々事業年度が１年未満である法人については，その事業年度開始の日の２年前の日の前日から同日以後１年を経過する日までの間に開始した各事業年度を合わせた期間）をいう。

３　法第７条に規定する保存義務者が，電子取引を行った場合において，災害その他やむを得ない事情により，同条に規定する財務省令で定めるところに従って当該電子取引の取引情報に係る電磁的記録の保存をすることができなかったことを証明したときは，第１項の規定にかかわらず，当該電磁的記録の保存をすることができる。ただし，当該事情が生じなかったとした場合において，当該財務省令で定めるところに従って当該電磁的記録の保存をすることができなかったと認められるときは，この限りでない。

下請法【下請代金支払遅延等防止法】

（書面の交付等）

第３条　親事業者は，下請事業者に対し製造委託等をした場合は，直ちに，公正取引委員会規則で定めるところにより下請事業者の給付の内容，下請代金の額，支払期日及び支払方法その他の事項を記載した書面を下請事業者に交付しなければならない。ただし，これらの事項のうちその内容が定められないことにつき正当な理由があるものについては，その記載を要しないものとし，この場合には，親事業者は，当該事項の内容が定められた後直ちに，当該事項を記載した書面を下請事業者に交付しなければならない。

２　親事業者は，前項の規定による書面の交付に代えて，政令で定めるところにより，当該下請事業者の承諾を得て，当該書面に記載すべき事項を電子情報処理組織を使用する方法その他の情報通信の技術を利用する方法であつて公正取引委員会規則で定めるものにより提供することができる。この場合において，当該親事業者は，当該書面を交付したものとみなす。

下請法施行令【下請代金支払遅延等防止法施行令】

（情報通信の技術を利用する方法）

第２条　親事業者は，法第３条第２項の規定により同項に規定する事項を提供しようとするときは，公正取引委員会規則で定めるところにより，あらかじめ，当該下請事業者に対し，その用いる同項前段に規定する方法（以下「電磁的方法」という。）の種類及び内容を示し，書面又は電磁的方法による承諾を得なければならない。

2　前項の規定による承諾を得た親事業者は，当該下請事業者から書面又は電磁的方法により電磁的方法による提供を受けない旨の申出があったときは，当該下請事業者に対し，法第３条第２項に規定する事項の提供を電磁的方法によってしてはならない。ただし，当該下請事業者が再び前項の規定による承諾をした場合は，この限りでない。

下請法３条規則【下請代金支払遅延等防止法第三条の書面の記載事項等に関する規則】

第２条　法第３条第２項の公正取引委員会規則で定める方法は，次に掲げる方法とする。

一　電子情報処理組織を使用する方法のうちイ又はロに掲げるもの

イ　親事業者の使用に係る電子計算機と下請事業者の使用に係る電子計算機とを接続する電気通信回線を通じて送信し，受信者の使用に係る電子計算機に備えられたファイルに記録する方法

ロ　親事業者の使用に係る電子計算機に備えられたファイルに記録された書面に記載すべき事項を電気通信回線を通じて下請事業者の閲覧に供し，当該下請事業者の使用に係る電子計算機に備えられたファイルに当該事項を記録する方法（法第３条第２項前段に規定する方法による提供を受ける旨の承諾又は受けない旨の申出をする場合にあっては，親事業者の使用に係る電子計算機に備えられたファイルにその旨を記録する方法）

二　磁気ディスク，シー・ディー・ロムその他これらに準ずる方法により一定の事項を確実に記録しておくことができる物をもって調製するファイルに書面に記載すべき事項を記録したものを交付する方法

2　前項に掲げる方法は，下請事業者がファイルへの記録を出力することによる書面を作成することができるものでなければならない。

3　第１項第１号の「電子情報処理組織」とは，親事業者の使用に係る電子計算機と，下請事業者の使用に係る電子計算機とを電気通信回線で接続した電子情報処理組織をいう。

下請法５条規則【下請代金支払遅延等防止法第五条の書類又は電磁的記録の作成及び保存に関する規則】

第２条　前条第１項から第３項までに掲げる事項の記載又は記録は，それぞれその事項に係る事実が生じ，又は明らかになったときに，速やかに当該事項について行わなければならない。

２　前条第１項から第３項までに掲げる事項を書類に記載する場合には，下請事業者別に記載しなければならない。

３　前条第１項から第３項までに掲げる事項について記録した電磁的記録を作成し，保有する場合には，次に掲げる要件に従って作成し，保存しなければならない。

一　前条第１項から第３項までに掲げる事項について訂正又は削除を行った場合には，これらの事実及び内容を確認することができること。

二　必要に応じ電磁的記録をディスプレイの画面及び書面に出力することができること。

三　電磁的記録の記録事項の検索をすることができる機能（次に掲げる要件を満たすものに限る。）を有していること。

イ　前条第１項第１号に掲げる事項を検索の条件として設定することができること。

ロ　製造委託等をした日については，その範囲を指定して条件を設定することができること。

建設業法

（建設工事の請負契約の内容）

第19条　建設工事の請負契約の当事者は，前条の趣旨に従つて，契約の締結に際して次に掲げる事項を書面に記載し，署名又は記名押印をして相互に交付しなければならない。

一　工事内容

二　請負代金の額

三　工事着手の時期及び工事完成の時期

四　工事を施工しない日又は時間帯の定めをするときは，その内容

五　請負代金の全部又は一部の前金払又は出来形部分に対する支払の定めをするときは，その支払の時期及び方法
六　当事者の一方から設計変更又は工事着手の延期若しくは工事の全部若しくは一部の中止の申出があつた場合における工期の変更，請負代金の額の変更又は損害の負担及びそれらの額の算定方法に関する定め
七　天災その他不可抗力による工期の変更又は損害の負担及びその額の算定方法に関する定め
八　価格等（物価統制令（昭和21年勅令第118号）第２条に規定する価格等をいう。）の変動若しくは変更に基づく請負代金の額又は工事内容の変更
九　工事の施工により第三者が損害を受けた場合における賠償金の負担に関する定め
十　注文者が工事に使用する資材を提供し，又は建設機械その他の機械を貸与するときは，その内容及び方法に関する定め
十一　注文者が工事の全部又は一部の完成を確認するための検査の時期及び方法並びに引渡しの時期
十二　工事完成後における請負代金の支払の時期及び方法
十三　工事の目的物が種類又は品質に関して契約の内容に適合しない場合におけるその不適合を担保すべき責任又は当該責任の履行に関して講ずべき保証保険契約の締結その他の措置に関する定めをするときは，その内容
十四　各当事者の履行の遅滞その他債務の不履行の場合における遅延利息，違約金その他の損害金
十五　契約に関する紛争の解決方法
十六　その他国土交通省令で定める事項

2　請負契約の当事者は，請負契約の内容で前項に掲げる事項に該当するものを変更するときは，その変更の内容を書面に記載し，署名又は記名押印をして相互に交付しなければならない。

3　建設工事の請負契約の当事者は，前２項の規定による措置に代えて，政令で定めるところにより，当該契約の相手方の承諾を得て，電子情報処理組織を使用する方法その他の情報通信の技術を利用する方法であつて，当該各項の規定による措置に準ずるものとして国土交通省令で定めるものを講ずることができる。この場合において，当該国土交通省令で定める措置を講じた者は，当該各項の規定による措置を講じたものとみなす。

建設業法施行令

（建設工事の請負契約に係る情報通信の技術を利用する方法）

第５条の５　建設工事の請負契約の当事者は，法第19条第３項の規定により同項に規定する国土交通省令で定める措置（以下この条において「電磁的措置」という。）を講じようとするときは，国土交通省令で定めるところにより，あらかじめ，当該契約の相手方に対し，その講じる電磁的措置の種類及び内容を示し，書面又は電子情報処理組織を使用する方法その他の情報通信の技術を利用する方法であつて国土交通省令で定めるもの（次項において「電磁的方法」という。）による承諾を得なければならない。

２　前項の規定による承諾を得た建設工事の請負契約の当事者は，当該契約の相手方から書面又は電磁的方法により当該承諾を撤回する旨の申出があつたときは，法第19条第１項又は第２項の規定による措置に代えて電磁的措置を講じてはならない。ただし，当該契約の相手方が再び同項の規定による承諾をした場合は，この限りでない。

建設業法施行規則

（建設工事の請負契約に係る情報通信の技術を利用する方法）

第13条の４　法第19条第３項の国土交通省令で定める措置は，次に掲げるものとする。

一　電子情報処理組織を使用する措置のうち次に掲げるもの

イ　建設工事の請負契約の当事者の使用に係る電子計算機（入出力装置を含む。以下同じ。）と当該契約の相手方の使用に係る電子計算機とを接続する電気通信回線を通じて法第19条第１項に掲げる事項又は請負契約の内容で同項に掲げる事項に該当するものの変更の内容（以下「契約事項等」という。）を送信し，受信者の使用に係る電子計算機に備えられた受信者ファイル（専ら当該契約の相手方の用に供されるファイルをいう。以下この条において同じ。）に記録する措置

ロ　建設工事の請負契約の当事者の使用に係る電子計算機に備えられたファイルに記録された契約事項等を電気通信回線を通じて当該契約の相手方の閲覧に供し，当該契約の相手方の使用に係る電子計算機に備えられた当該

契約の相手方の受信者ファイルに当該契約事項等を記録する措置

ハ　建設工事の請負契約の当事者の使用に係る電子計算機に備えられた受信者ファイルに記録された契約事項等を電気通信回線を通じて当該契約の相手方の閲覧に供する措置

二　磁気ディスク等をもつて調製するファイルに契約事項等を記録したものを交付する措置

2　前項各号に掲げる措置は，次に掲げる技術的基準に適合するものでなければならない。

一　当該契約の相手方がファイルへの記録を出力することによる書面を作成することができるものであること。

二　ファイルに記録された契約事項等について，改変が行われていないかどうかを確認することができる措置を講じていること。

三　当該契約の相手方が本人であることを確認することができる措置を講じていること。

3　第1項各号に掲げる措置は，次に掲げる基準に適合するものでなければならない。

一　第1項第1号ロに掲げる措置にあつては，契約事項等を建設工事の請負契約の当事者の使用に係る電子計算機に備えられたファイルに記録する旨又は記録した旨を当該契約の相手方に対し通知するものであること。ただし，当該契約の相手方が当該契約事項等を閲覧していたことを確認したときはこの限りではない。

二　第1項第1号ハに掲げる措置にあつては，契約事項等を建設工事の請負契約の当事者の使用に係る電子計算機に備えられた受信者ファイルに記録する旨又は記録した旨を当該契約の相手方に対し通知するものであること。ただし，当該契約の相手方が当該契約事項等を閲覧していたことを確認したときはこの限りでない。

4　第1項第1号の「電子情報処理組織」とは，建設工事の請負契約の当事者の使用に係る電子計算機と，当該契約の相手方の使用に係る電子計算機とを電気通信回線で接続した電子情報処理組織をいう。

借地借家法

（定期借地権）

第22条　存続期間を50年以上として借地権を設定する場合においては，第９条及び第16条の規定にかかわらず，契約の更新（更新の請求及び土地の使用の継続によるものを含む。次条第１項において同じ。）及び建物の築造による存続期間の延長がなく，並びに第13条の規定による買取りの請求をしないこととする旨を定めることができる。この場合においては，その特約は，公正証書による等書面によってしなければならない。

2　前項前段の特約がその内容を記録した電磁的記録（電子的方式，磁気的方式その他人の知覚によっては認識することができない方式で作られる記録であって，電子計算機による情報処理の用に供されるものをいう。第38条第２項及び第39条第３項において同じ。）によってされたときは，その特約は，書面によってされたものとみなして，前項後段の規定を適用する。

（事業用定期借地権等）

第23条　専ら事業の用に供する建物（居住の用に供するものを除く。次項において同じ。）の所有を目的とし，かつ，存続期間を30年以上50年未満として借地権を設定する場合においては，第９条及び第16条の規定にかかわらず，契約の更新及び建物の築造による存続期間の延長がなく，並びに第13条の規定による買取りの請求をしないこととする旨を定めることができる。

2　専ら事業の用に供する建物の所有を目的とし，かつ，存続期間を10年以上30年未満として借地権を設定する場合には，第３条から第８条まで，第13条及び第18条の規定は，適用しない。

3　前２項に規定する借地権の設定を目的とする契約は，公正証書によってしなければならない。

（定期建物賃貸借）

第38条　期間の定めがある建物の賃貸借をする場合においては，公正証書による等書面によって契約をするときに限り，第30条の規定にかかわらず，契約の更新がないこととする旨を定めることができる。この場合には，第29条第１項の規定を適用しない。

2　前項の規定による建物の賃貸借の契約がその内容を記録した電磁的記録によってされたときは，その契約は，書面によってされたものとみなして，同項の規定を適用する。

3　第１項の規定による建物の賃貸借をしようとするときは，建物の賃貸人は，あらかじめ，建物の賃借人に対し，同項の規定による建物の賃貸借は契約の更新がなく，期間の満了により当該建物の賃貸借は終了することについて，その旨を記載した書面を交付して説明しなければならない。

4　建物の賃貸人は，前項の規定による書面の交付に代えて，政令で定めるところにより，建物の賃借人の承諾を得て，当該書面に記載すべき事項を電磁的方法（電子情報処理組織を使用する方法その他の情報通信の技術を利用する方法であって法務省令で定めるものをいう。）により提供することができる。この場合において，当該建物の賃貸人は，当該書面を交付したものとみなす。

5　建物の賃貸人が第３項の規定による説明をしなかったときは，契約の更新がないこととする旨の定めは，無効とする。

6～9　省略

宅地建物取引業法

（媒介契約）

第34条の２　宅地建物取引業者は，宅地又は建物の売買又は交換の媒介の契約（以下この条において「媒介契約」という。）を締結したときは，遅滞なく，次に掲げる事項を記載した書面を作成して記名押印し，依頼者にこれを交付しなければならない。

一　当該宅地の所在，地番その他当該宅地を特定するために必要な表示又は当該建物の所在，種類，構造その他当該建物を特定するために必要な表示

二　当該宅地又は建物を売買すべき価額又はその評価額

三　当該宅地又は建物について，依頼者が他の宅地建物取引業者に重ねて売買又は交換の媒介又は代理を依頼することの許否及びこれを許す場合の他の宅地建物取引業者を明示する義務の存否に関する事項

四　当該建物が既存の建物であるときは，依頼者に対する建物状況調査（建物の構造耐力上主要な部分又は雨水の浸入を防止する部分として国土交通省令で定めるもの（第37条第１項第２号の２において「建物の構造耐力上主要な部分等」という。）の状況の調査であつて，経年変化その他の建物に生じる事象に関する知識及び能力を有する者として国土交通省令で定める者が実施

するものをいう。第35条第１項第６号の２イにおいて同じ。）を実施する者のあつせんに関する事項

五　媒介契約の有効期間及び解除に関する事項

六　当該宅地又は建物の第５項に規定する指定流通機構への登録に関する事項

七　報酬に関する事項

八　その他国土交通省令・内閣府令で定める事項

2～4　省略

5　宅地建物取引業者は，専任媒介契約を締結したときは，契約の相手方を探索するため，国土交通省令で定める期間内に，当該専任媒介契約の目的物である宅地又は建物につき，所在，規模，形質，売買すべき価額その他国土交通省令で定める事項を，国土交通省令で定めるところにより，国土交通大臣が指定する者（以下「指定流通機構」という。）に登録しなければならない。

6　前項の規定による登録をした宅地建物取引業者は，第50条の６に規定する登録を証する書面を遅滞なく依頼者に引き渡さなければならない。

7～10　省略

11　宅地建物取引業者は，第１項の書面の交付に代えて，政令で定めるところにより，依頼者の承諾を得て，当該書面に記載すべき事項を電磁的方法（電子情報処理組織を使用する方法その他の情報通信の技術を利用する方法をいう。以下同じ。）であつて同項の規定による記名押印に代わる措置を講ずるものとして国土交通省令で定めるものにより提供することができる。この場合において，当該宅地建物取引業者は，当該書面に記名押印し，これを交付したものとみなす。

12　宅地建物取引業者は，第６項の規定による書面の引渡しに代えて，政令で定めるところにより，依頼者の承諾を得て，当該書面において証されるべき事項を電磁的方法であつて国土交通省令で定めるものにより提供することができる。この場合において，当該宅地建物取引業者は，当該書面を引き渡したものとみなす。

（重要事項の説明等）

第35条　宅地建物取引業者は，宅地若しくは建物の売買，交換若しくは貸借の相手方若しくは代理を依頼した者又は宅地建物取引業者が行う媒介に係る売買，交換若しくは貸借の各当事者（以下「宅地建物取引業者の相手方等」という。）に対して，その者が取得し，又は借りようとしている宅地又は建物に関し，そ

の売買，交換又は貸借の契約が成立するまでの間に，宅地建物取引士をして，少なくとも次に掲げる事項について，これらの事項を記載した書面（第５号において図面を必要とするときは，図面）を交付して説明をさせなければならない。

一～十四　省略

2　宅地建物取引業者は，宅地又は建物の割賦販売（代金の全部又は一部について，目的物の引渡し後１年以上の期間にわたり，かつ，２回以上に分割して受領することを条件として販売することをいう。以下同じ。）の相手方に対して，その者が取得しようとする宅地又は建物に関し，その割賦販売の契約が成立するまでの間に，宅地建物取引士をして，前項各号に掲げる事項のほか，次に掲げる事項について，これらの事項を記載した書面を交付して説明をさせなければならない。

一　現金販売価格（宅地又は建物の引渡しまでにその代金の全額を受領する場合の価格をいう。）

二　割賦販売価格（割賦販売の方法により販売する場合の価格をいう。）

三　宅地又は建物の引渡しまでに支払う金銭の額及び賦払金（割賦販売の契約に基づく各回ごとの代金の支払分で目的物の引渡し後のものをいう。第42条第１項において同じ。）の額並びにその支払の時期及び方法

3　宅地建物取引業者は，宅地又は建物に係る信託（当該宅地建物取引業者を委託者とするものに限る。）の受益権の売主となる場合における売買の相手方に対して，その者が取得しようとしている信託の受益権に係る信託財産である宅地又は建物に関し，その売買の契約が成立するまでの間に，宅地建物取引士をして，少なくとも次に掲げる事項について，これらの事項を記載した書面（第５号において図面を必要とするときは，図面）を交付して説明をさせなければならない。ただし，その売買の相手方の利益の保護のため支障を生ずることがない場合として国土交通省令で定める場合は，この限りでない。

一～七　省略

4　宅地建物取引士は，前３項の説明をするときは，説明の相手方に対し，宅地建物取引士証を提示しなければならない。

5　第１項から第３項までの書面の交付に当たつては，宅地建物取引士は，当該書面に記名しなければならない。

6　次の表の第一欄に掲げる者が宅地建物取引業者である場合においては，同表

の第二欄に掲げる規定の適用については，これらの規定中同表の第三欄に掲げる字句は，それぞれ同表の第四欄に掲げる字句とし，前２項の規定は，適用しない。

宅地建物取引業者の相手方等	第１項	宅地建物取引士をして，少なくとも次に掲げる事項について，これらの事項	少なくとも次に掲げる事項
		交付して説明をさせなければ	交付しなければ
第２項に規定する宅地又は建物の割賦販売の相手方	第２項	宅地建物取引士をして，前項各号に掲げる事項のほか，次に掲げる事項について，これらの事項	前項各号に掲げる事項のほか，次に掲げる事項
		交付して説明をさせなければ	交付しなければ

7　宅地建物取引業者は，前項の規定により読み替えて適用する第１項又は第２項の規定により交付すべき書面を作成したときは，宅地建物取引士をして，当該書面に記名させなければならない。

8　宅地建物取引業者は，第１項から第３項までの規定による書面の交付に代えて，政令で定めるところにより，第１項に規定する宅地建物取引業者の相手方等，第２項に規定する宅地若しくは建物の割賦販売の相手方又は第３項に規定する売買の相手方の承諾を得て，宅地建物取引士に，当該書面に記載すべき事項を電磁的方法であつて第５項の規定による措置に代わる措置を講ずるものとして国土交通省令で定めるものにより提供させることができる。この場合において，当該宅地建物取引業者は，当該宅地建物取引士に当該書面を交付させたものとみなし，同項の規定は，適用しない。

9　宅地建物取引業者は，第６項の規定により読み替えて適用する第１項又は第２項の規定による書面の交付に代えて，政令で定めるところにより，第６項の規定により読み替えて適用する第１項に規定する宅地建物取引業者の相手方等である宅地建物取引業者又は第６項の規定により読み替えて適用する第２項に規定する宅地若しくは建物の割賦販売の相手方である宅地建物取引業者の承諾を得て，当該書面に記載すべき事項を電磁的方法であつて第７項の規定による措置に代わる措置を講ずるものとして国土交通省令で定めるものにより提供することができる。この場合において，当該宅地建物取引業者は，当該書面を交付したものとみなし，同項の規定は，適用しない。

（書面の交付）

第37条　宅地建物取引業者は，宅地又は建物の売買又は交換に関し，自ら当事者として契約を締結したときはその相手方に，当事者を代理して契約を締結したときはその相手方及び代理を依頼した者に，その媒介により契約が成立したときは当該契約の各当事者に，遅滞なく，次に掲げる事項を記載した書面を交付しなければならない。

一〜十二　省略

2　宅地建物取引業者は，宅地又は建物の貸借に関し，当事者を代理して契約を締結したときはその相手方及び代理を依頼した者に，その媒介により契約が成立したときは当該契約の各当事者に，次に掲げる事項を記載した書面を交付しなければならない。

一　前項第１号，第２号，第４号，第７号，第８号及び第10号に掲げる事項

二　借賃の額並びにその支払の時期及び方法

三　借賃以外の金銭の授受に関する定めがあるときは，その額並びに当該金銭の授受の時期及び目的

3　宅地建物取引業者は，前２項の規定により交付すべき書面を作成したときは，宅地建物取引士をして，当該書面に記名させなければならない。

4　宅地建物取引業者は，第１項の規定による書面の交付に代えて，政令で定めるところにより，次の各号に掲げる場合の区分に応じ当該各号に定める者の承諾を得て，当該書面に記載すべき事項を電磁的方法であつて前項の規定による措置に代わる措置を講ずるものとして国土交通省令で定めるものにより提供することができる。この場合において，当該宅地建物取引業者は，当該書面を交付したものとみなし，同項の規定は，適用しない。

一　自ら当事者として契約を締結した場合　当該契約の相手方

二　当事者を代理して契約を締結した場合　当該契約の相手方及び代理を依頼した者

三　その媒介により契約が成立した場合　当該契約の各当事者

5　宅地建物取引業者は，第２項の規定による書面の交付に代えて，政令で定め

るところにより，次の各号に掲げる場合の区分に応じ当該各号に定める者の承諾を得て，当該書面に記載すべき事項を電磁的方法であつて第３項の規定による措置に代わる措置を講ずるものとして国土交通省令で定めるものにより提供することができる。この場合において，当該宅地建物取引業者は，当該書面を交付したものとみなし，同項の規定は，適用しない。

一　当事者を代理して契約を締結した場合　当該契約の相手方及び代理を依頼した者

二　その媒介により契約が成立した場合　当該契約の各当事者

押印についてのQ&A

令和２年６月19日
内　　閣　　府
法　　務　　省
経 済 産 業 省

問１．契約書に押印をしなくても，法律違反にならないか。

- 私法上，契約は当事者の意思の合致により，成立するものであり，書面の作成及びその書面への押印は，特段の定めがある場合を除き，必要な要件とはされていない。
- 特段の定めがある場合を除き，契約に当たり，押印をしなくても，契約の効力に影響は生じない。

問２．押印に関する民事訴訟法のルールは，どのようなものか。

- 民事裁判において，私文書が作成者の認識等を示したものとして証拠（書証）になるためには，その文書の作成者とされている人（作成名義人）が真実の作成者であると相手方が認めるか，そのことが立証されることが必要であり，これが認められる文書は，「真正に成立した」ものとして取り扱われる。民事裁判上，真正に成立した文書は，その中に作成名義人の認識等が示されているという意味での証拠力（これを「形式的証拠力」という。）が認められる。
- 民訴法第228条第４項には，「私文書は，本人［中略］の署名又は押印があるときは，真正に成立したものと推定する。」という規定がある。この規定により，契約書等の私文書の中に，本人の押印（本人の意思に基づく押印と解釈されている。）があれば，その私文書は，本人が作成したものであることが推定される。
- この民訴法第228条第４項の規定の内容を簡単に言い換えれば，裁判所は，ある人が自分の押印をした文書は，特に疑わしい事情がない限り，真正に成立したものとして，証拠に使ってよいという意味である。そのため，文書の真正が裁判上争いとなった場合でも，本人による押印があれば，証明の負担が軽減されることになる。

- もっとも，この規定は，文書の真正な成立を推定するに過ぎない。その文書が事実の証明にどこまで役立つのか（＝作成名義人によってその文書に示された内容が信用できるものであるか）といった中身の問題（これを「実質的証拠力」という。）は，別の問題であり，民訴法第228条第４項は，実質的証拠力については何も規定していない。
- なお，文書に押印があるかないかにかかわらず，民事訴訟において，故意又は重過失により真実に反して文書の成立を争ったときは，過料に処せられる（民訴法第230条第１項）。

問３．本人による押印がなければ，民訴法第228条第４項が適用されないため，文書が真正に成立したことを証明できないことになるのか。

- 本人による押印の効果として，文書の真正な成立が推定される（問２参照）。
- そもそも，文書の真正な成立は，相手方がこれを争わない場合には，基本的に問題とならない。また，相手方がこれを争い，押印による民訴法第228条第４項の推定が及ばない場合でも，文書の成立の真正は，本人による押印の有無のみで判断されるものではなく，文書の成立経緯を裏付ける資料など，証拠全般に照らし，裁判所の自由心証により判断される。他の方法によっても文書の真正な成立を立証することは可能であり（問６参照），本人による押印がなければ立証できないものではない。
- 本人による押印がされたと認められることによって文書の成立の真正が推定され，そのことにより証明の負担は軽減されるものの，相手方による反証が可能なものであって，その効果は限定的である（問４，５参照）。
- このように，形式的証拠力を確保するという面からは，本人による押印があったとしても万全というわけではない。そのため，テレワーク推進の観点からは，必ずしも本人による押印を得ることにこだわらず，不要な押印を省略したり，「重要な文書だからハンコが必要」と考える場合であっても押印以外の手段で代替したりすることが有意義であると考えられる。

問４．文書の成立の真正が裁判上争われた場合において，文書に押印がありさえすれば，民訴法第228条第４項が適用され，証明の負担は軽減されることになるのか。

- 押印のある文書について，相手方がその成立の真正を争った場合は，通常，その押印が本人の意思に基づいて行われたという事実を証明することになる。
- そして，成立の真正に争いのある文書について，印影と作成名義人の印章が一致することが立証されれば，その印影は作成名義人の意思に基づき押印されたことが推定され，更に，民訴法第228条第４項によりその印影に係る私文書は作成名義人の意思に基づき作成されたことが推定されるとする判例（最判昭39・５・12民集18巻４号597頁）がある。これを「二段の推定」と呼ぶ。
- この二段の推定により証明の負担が軽減される程度は，次に述べるとおり，限定的である。
  ① 推定である以上，印章の盗用や冒用などにより他人がその印章を利用した可能性があるなどの反証が相手方からなされた場合には，その推定は破られ得る。
  ② 印影と作成名義人の印章が一致することの立証は，実印である場合には印鑑証明書を得ることにより一定程度容易であるが，いわゆる認印の場合には事実上困難が生じ得ると考えられる（問５参照）。
- なお，次に述べる点は，文書の成立の真正が証明された後の話であり，形式的証拠力の話ではないが，契約書を始めとする法律行為が記載された文書については，文書の成立の真正が認められれば，その文書に記載された法律行為の存在や内容（例えば契約の成立や内容）は認められやすい。他方，請求書，納品書，検収書等の法律行為が記載されていない文書については，文書の成立の真正が認められても，その文書が示す事実の基礎となる法律行為の存在や内容（例えば，請求書記載の請求額の基礎となった売買契約の成立や内容）については，その文書から直接に認められるわけではない。このように，仮に文書に押印があることにより文書の成立の真正についての証明の負担が軽減されたとしても，そのことの裁判上の意義は，文書の性質や立証命題との関係によっても異なり得ることに留意する必要がある。

問５．認印や企業の角印についても，実印と同様，「二段の推定」により，文書の成立の真正について証明の負担が軽減されるのか。

- 「二段の推定」は，印鑑登録されている実印のみではなく認印にも適用され得る（最判昭和50・６・12裁判集民115号95頁）。
- 文書への押印を相手方から得る時に，その印影に係る印鑑証明書を得ていれば，その印鑑証明書をもって，印影と作成名義人の印章の一致を証明することは容易であるといえる。
- また，押印されたものが実印であれば，押印時に印鑑証明書を得ていなくても，その他の手段により事後的に印鑑証明書を入手すれば，その印鑑証明書をもって，印影と作成名義人の印章の一致を証明することができる。ただし，印鑑証明書は通常相手方のみが取得できるため，紛争に至ってからの入手は容易ではないと考えられる。
- 他方，押印されたものが実印でない（いわゆる認印である）場合には，印影と作成名義人の印章の一致を相手方が争ったときに，その一致を証明する手段が確保されていないと，成立の真正について「二段の推定」が及ぶことは難しいと思われる。そのため，そのような押印が果たして本当に必要なのかを考えてみることが有意義であると考えられる。
- なお，３Ｄプリンター等の技術の進歩で，印章の模倣がより容易であるとの指摘もある。

問６．文書の成立の真正を証明する手段を確保するために，どのようなものが考えられるか。

- 次のような様々な立証手段を確保しておき，それを利用することが考えられる。
  ①　継続的な取引関係がある場合
  - 取引先とのメールのメールアドレス・本文及び日時等，送受信記録の保存（請求書，納品書，検収書，領収書，確認書等は，このような方法の保存のみでも，文書の成立の真正が認められる重要な一事情になり得ると考えられる。）

  ②　新規に取引関係に入る場合
  - 契約締結前段階での本人確認情報（氏名・住所等及びその根拠資料とし

ての運転免許証など）の記録・保存
- 本人確認情報の入手過程（郵送受付やメールでのPDF送付）の記録・保存
- 文書や契約の成立過程（メールやSNS上のやり取り）の保存

③ 電子署名や電子認証サービスの活用（利用時のログインID・日時や認証結果などを記録・保存できるサービスを含む。）

- 上記①，②については，文書の成立の真正が争われた場合であっても，例えば下記の方法により，その立証が更に容易になり得ると考えられる。また，こういった方法は技術進歩により更に多様化していくことが想定される。

(a) メールにより契約を締結することを事前に合意した場合の当該合意の保存
(b) PDFにパスワードを設定
(c) (b)のPDFをメールで送付する際，パスワードを携帯電話等の別経路で伝達
(d) 複数者宛のメール送信（担当者に加え，法務担当部長や取締役等の決裁権者を宛先に含める等）
(e) PDFを含む送信メール及びその送受信記録の長期保存

（出典）https://www.moj.go.jp/content/001322410.pdf

利用者の指示に基づきサービス提供事業者自身の署名鍵により暗号化等を行う電子契約サービスに関するQ&A

令和２年７月17日
総　務　省
法　務　省
経 済 産 業 省

問１　電子署名及び認証業務に関する法律（平成12年法律第102号，以下「電子署名法」という。）における「電子署名」とはどのようなものか。

- 電子署名法における「電子署名」は，その第２条第１項において，デジタル情報（電磁的記録に記録することができる情報）について行われる措置であって，⑴当該情報が当該措置を行った者の作成に係るものであることを示すためのものであること（同項第１号）及び⑵当該情報について改変が行われていないかどうかを確認することができるものであること（同項第２号）のいずれにも該当するものとされている。

問２　サービス提供事業者が利用者の指示を受けてサービス提供事業者自身の署名鍵による電子署名を行う電子契約サービスは，電子署名法上，どのように位置付けられるのか。

- 近時，利用者の指示に基づき，利用者が作成した電子文書（デジタル情報）について，サービス提供事業者自身の署名鍵により暗号化等を行うサービスが登場している。このようなサービスについては，サービス提供事業者が「当該措置を行った者」（電子署名法第２条第１項第１号）と評価されるのか，あるいは，サービスの内容次第では利用者が当該措置を行ったと評価することができるのか，電子署名法上の位置付けが問題となる。
- 電子署名法第２条第１項第１号の「当該措置を行った者」に該当するためには，必ずしも物理的に当該措置を自ら行うことが必要となるわけではなく，例えば，物理的にはＡが当該措置を行った場合であっても，Ｂの意思のみに基づき，Ａの意思が介在することなく当該措置が行われたものと認められる場合であれば，

「当該措置を行った者」はBであると評価することができるものと考えられる。

- このため，利用者が作成した電子文書について，サービス提供事業者自身の署名鍵により暗号化を行うこと等によって当該文書の成立の真正性及びその後の非改変性を担保しようとするサービスであっても，技術的・機能的に見て，サービス提供事業者の意思が介在する余地がなく，利用者の意思のみに基づいて機械的に暗号化されたものであることが担保されていると認められる場合であれば，「当該措置を行った者」はサービス提供事業者ではなく，その利用者であると評価し得るものと考えられる。
- そして，上記サービスにおいて，例えば，サービス提供事業者に対して電子文書の送信を行った利用者やその日時等の情報を付随情報として確認することができるものになっているなど，当該電子文書に付された当該情報を含めての全体を１つの措置と捉え直すことよって，電子文書について行われた当該措置が利用者の意思に基づいていることが明らかになる場合には，これらを全体として１つの措置と捉え直すことにより，「当該措置を行った者（＝当該利用者）の作成に係るものであることを示すためのものであること」という要件（電子署名法第２条第１項第１号）を満たすことになるものと考えられる。

問３　どのような電子契約サービスを選択することが適当か。

- 電子契約サービスにおける利用者の本人確認の方法やなりすまし等の防御レベルなどは様々であることから，各サービスの利用に当たっては，当該サービスを利用して締結する契約等の性質や，利用者間で必要とする本人確認レベルに応じて，適切なサービスを選択することが適当と考えられる。

（出典）https://www.soumu.go.jp/main_content/000697715.pdf

利用者の指示に基づきサービス提供事業者自身の署名鍵により暗号化等を行う電子契約サービスに関するQ&A（電子署名法第３条関係）

令和２年９月４日
総　　務　　省
法　　務　　省
経 済 産 業 省

【作成の経緯】

利用者の指示に基づきサービス提供事業者自身の署名鍵により暗号化等を行う電子契約サービス[1]については，本年７月17日，電子署名及び認証業務に関する法律（平成12年法律第102号，以下「電子署名法」という。）第２条に関する「利用者の指示に基づきサービス提供事業者自身の署名鍵により暗号化等を行う電子契約サービスに関するＱ＆Ａ」（以下「第２条関係Ｑ＆Ａ」という。）を公表したものであるところ，今般，電子署名法第３条に関しても，本Ｑ＆Ａを作成し公表することとした。

電子契約サービスにおいて利用者とサービス提供事業者の間で行われる本人確認（身元確認，当人認証）等のレベルやサービス提供事業者内部で行われるプロセスのセキュリティレベルは様々であり，利用者はそれらの差異を理解した上で利用することが重要であるところ，本Ｑ＆Ａには当該観点からのＱ＆Ａも含めている。

さらに，電子認証に関しては，近年，技術的な標準の検討が進んでおり，また，それぞれの国で制度化された電子認証の相互承認なども検討の視野に入るようになっていることなどを踏まえ，商取引の安定性や制度における要求事項に係る国際的整合性等を確保するために，国際標準との整合性や他の国の制度との調和なども踏まえた検討を行う必要がある。本Ｑ＆Ａの作成に当たっても，国際標準との整合性等の観点も踏まえ，検討を行った。

1　本Q&Aにおける「利用者の指示に基づきサービス提供事業者自身の署名鍵により暗号化等を行う電子契約サービス」には，例えば，電子契約において電子署名を行う際にサービス提供事業者が自動的・機械的に利用者名義の一時的な電子証明書を発行し，それに紐付く署名鍵により暗号化等を行う電子契約サービスを含むものとする。

問1　電子署名法第３条における「本人による電子署名（これを行うために必要な符号及び物件を適正に管理することにより，本人だけが行うことができることとなるものに限る。）」とは，どのようなものか。

- 電子署名法第３条の規定は，電子文書（デジタル情報）について，本人すなわち当該電子文書の作成名義人による電子署名（これを行うために必要な符号及び物件を適正に管理することにより，本人だけが行うことができることとなるものに限る。）が行われていると認められる場合に，当該作成名義人が当該電子文書を作成したことが推定されることを定めるものである。
- この電子署名法第３条の規定が適用されるためには，次の要件が満たされる必要がある。
  - ①　電子文書に電子署名法第３条に規定する電子署名が付されていること。
  - ②　上記電子署名が本人（電子文書の作成名義人）の意思に基づき行われたものであること。
- まず，電子署名法第３条に規定する電子署名に該当するためには，同法第２条に規定する電子署名に該当するものであることに加え，「これ（その電子署名）を行うために必要な符号及び物件を適正に管理することにより，本人だけが行うことができることとなるもの」に該当するものでなければならない（上記①）。
- このように電子署名法第３条に規定する電子署名について同法第２条に規定する電子署名よりもさらにその要件を加重しているのは，同法第３条が電子文書の成立の真正を推定するという効果を生じさせるものだからである。すなわち，このような効果を生じさせるためには，その前提として，暗号化等の措置を行うための符号について，他人が容易に同一のものを作成することができないと認められることが必要であり（以下では，この要件のことを「固有性の要件」などという。），そのためには，当該電子署名について相応の技術的水準が要求されることになるものと考えられる。したがって，電子署名のうち，例えば，十分な暗号強度を有し他人が容易に同一の鍵を作成できないものである場合には，同条の推定規定が適用されることとなる。
- また，電子署名法第３条において，電子署名が「本人による」ものであることを要件としているのは，電子署名が本人すなわち電子文書の作成名義人の意思に基づき行われたものであることを要求する趣旨である（上記②）。

問2　サービス提供事業者が利用者の指示を受けてサービス提供事業者自身の署名鍵による暗号化等を行う電子契約サービスは，電子署名法第3条との関係では，どのように位置付けられるのか。

- 利用者の指示に基づき，利用者が作成した電子文書について，サービス提供事業者自身の署名鍵による暗号化等を行う電子契約サービスについては，第2条関係Q＆Aにより電子署名法第2条に関する電子署名法上の位置付けを示したところであるが，更に同法第3条に関する位置付けが問題となる。
- 上記サービスについて，電子署名法第3条が適用されるためには，問1に記載したとおり，同サービスが同条に規定する電子署名に該当すること及び当該電子署名が本人すなわち電子文書の作成名義人の意思に基づき行われたことが必要となる。
- このうち，上記サービスが電子署名法第3条に規定する電子署名に該当するためには，その前提として，同法第2条第1項に規定する電子署名に該当する必要がある。この点については，第2条関係Q＆Aにおいて，既に一定の考え方を示したとおり，同サービスの提供について，技術的・機能的に見て，サービス提供事業者の意思が介在する余地がなく，利用者の意思のみに基づいて機械的に暗号化されたものであることが担保されているものであり，かつサービス提供事業者が電子文書に行った措置について付随情報を含めて全体を1つの措置と捉え直すことによって，当該措置が利用者の意思に基づいていることが明らかになる場合には，同法第2条第1項に規定する電子署名に該当すると考えられる。
- その上で，上記サービスが電子署名法第3条に規定する電子署名に該当するには，更に，当該サービスが本人でなければ行うことができないものでなければならないこととされている。そして，この要件を満たすためには，問1のとおり，同条に規定する電子署名の要件が加重されている趣旨に照らし，当該サービスが十分な水準の固有性を満たしていること（固有性の要件）が必要であると考えられる。
- より具体的には，上記サービスが十分な水準の固有性を満たしていると認められるためには，①利用者とサービス提供事業者の間で行われるプロセス及び②①における利用者の行為を受けてサービス提供事業者内部で行われるプロセスのいずれにおいても十分な水準の固有性が満たされている必要があると考えられる。

- ①及び②のプロセスにおいて十分な水準の固有性を満たしているかについては，システムやサービス全体のセキュリティを評価して判断されることになると考えられるが，例えば，①のプロセスについては，利用者が２要素による認証を受けなければ措置を行うことができない仕組みが備わっているような場合には，十分な水準の固有性が満たされていると認められ得ると考えられる。２要素による認証の例としては，利用者が，あらかじめ登録されたメールアドレス及びログインパスワードの入力に加え，スマートフォンへのSMS送信や手元にあるトークンの利用等当該メールアドレスの利用以外の手段により取得したワンタイム・パスワードの入力を行うことにより認証するものなどが挙げられる。
- ②のプロセスについては，サービス提供事業者が当該事業者自身の署名鍵により暗号化等を行う措置について，暗号の強度や利用者毎の個別性を担保する仕組み（例えばシステム処理が当該利用者に紐付いて適切に行われること）等に照らし，電子文書が利用者の作成に係るものであることを示すための措置として十分な水準の固有性が満たされていると評価できるものである場合には，固有性の要件を満たすものと考えられる。
- 以上の次第で，あるサービスが電子署名法第３条に規定する電子署名に該当するか否かは，個別の事案における具体的な事情を踏まえた裁判所の判断に委ねられるべき事柄ではあるものの，一般論として，上記サービスは，①及び②のプロセスのいずれについても十分な水準の固有性が満たされていると認められる場合には，電子署名法第３条の電子署名に該当するものと認められることとなるものと考えられる。したがって，同条に規定する電子署名が本人すなわち電子文書の作成名義人の意思に基づき行われたと認められる場合には，電子署名法第３条の規定により，当該電子文書は真正に成立したものと推定されることとなると考えられる。

(参考)

- あるサービスが，①及び②のプロセスのいずれについても十分な水準の固有性を満たしているかは，サービス毎に評価が必要となるが，評価するための参考となる文書について以下に例示する。
- ①のプロセスにおいて，固有性の水準の参考となる文書の例。
  - NIST，「NIST Special Publication 800-63-3 Digital Identity Guidelines」，

2017年６月
- 経済産業省，「オンラインサービスにおける身元確認手法の整理に関する検討報告書」，2020年４月
- 各府省情報化統括責任者（CIO）連絡会議決定，「行政手続におけるオンラインによる本人確認の手法に関するガイドライン」，2019年２月

- ②のプロセスにおいて，固有性の水準の参考となる文書の例。
  - NIST，「NIST Special Publication 800-130A Framework for Designing Cryptographic Key Management Systems」，2013年８月
  - CRYPTREC，「暗号鍵管理システム設計指針（基本編）」，2020年７月
  - 日本トラストテクノロジー協議会（JT2A）リモート署名タスクフォース，「リモート署名ガイドライン」，2020年４月
  - 総務省・法務省・経済産業省告示，「電子署名及び認証業務に関する法律に基づく特定認証業務の認定に係る指針」

問３　サービス提供事業者が利用者の指示を受けてサービス提供事業者自身の署名鍵による暗号化等を行う電子契約サービスが電子署名法第３条の電子署名に該当する場合に，「これを行うために必要な符号及び物件を適正に管理すること」とは，具体的に何を指すことになるのか。

- 「これを行うために必要な符号及び物件を適正に管理すること」の具体的内容については，個別のサービス内容により異なり得るが，例えば，サービス提供事業者の署名鍵及び利用者のパスワード（符号）並びにサーバー及び利用者の手元にある２要素認証用のスマートフォン又はトークン（物件）等を適正に管理することが該当し得ると考えられる。

問４　電子契約サービスを選択する際の留意点は何か。

- 実際の裁判において電子署名法第３条の推定効が認められるためには，電子文書の作成名義人の意思に基づき電子署名が行われていることが必要であるため，電子契約サービスの利用者と電子文書の作成名義人の同一性が確認される（いわゆる利用者の身元確認がなされる）ことが重要な要素になると考えられる。
- この点に関し，電子契約サービスにおける利用者の身元確認の有無，水準及び

方法やなりすまし等の防御レベルは様々であることから，各サービスの利用に当たっては，当該各サービスを利用して締結する契約等の重要性の程度や金額といった性質や，利用者間で必要とする身元確認レベルに応じて，適切なサービスを慎重に選択することが適当と考えられる。

（出典）https://www.soumu.go.jp/main_content/000711467.pdf

時刻認証業務の認定に関する規程

令和３年４月１日
総務省告示第146号

（目的）

第１条　この規程は，確実かつ安定的にタイムスタンプを発行する時刻認証業務を総務大臣が認定して奨励することにより，情報の信頼性を担保しながらその電磁的流通を振興することを目的とする。

（定義）

第２条　この規程において「タイムスタンプ」とは，電磁的記録（電子的方式，磁気的方式その他人の知覚によっては認識することができない方式で作られる記録であって，電子計算機による情報処理の用に供されるものをいう。以下同じ。）に記録された情報（以下「電子データ」という。）に付与される時刻情報等の総体であって，次の要件のいずれにも該当するものをいう。

一　当該電子データがある時刻に存在していたことを示すためのものであること。

二　当該電子データについて改変が行われていないかどうか確認することができるものであること。

２　この規程において「時刻認証業務」とは，電子データに係る情報にタイムスタンプを付与する役務を提供する業務をいう。

（認定）

第３条　総務大臣は，次の各号に掲げる要件のいずれにも該当すると認められる時刻認証業務を，認定時刻認証業務（以下「認定業務」という。）として認定することができる。

一　デジタル署名方式（タイムスタンプを生成する際，信頼できる認証事業者から発行を受けた電子証明書に基づく，当該時刻認証業務に専用の利用者署名符号を用いて時刻情報等にデジタル署名を施すことによってタイムスタンプの信頼性を確保する方式）を用いるものとすること。

二　日本標準時通報機関である国立研究開発法人情報通信研究機構が生成する協定世界時（UTC（NICT））を時刻源とし，当該時刻源との時刻差が１秒以内となるよう，時刻の品質を管理及び証明する措置を講じること。

三　認定業務であるかどうかを一意に特定できる情報を含み，自らが改ざんされた際にこれを検知する手段を有するタイムスタンプを，当該タイムスタンプが有効である間十分な安全性を有する暗号技術や装置等を用いて堅実に生成すること。
四　当該時刻認証業務に係る電気通信システムに，十分なサイバーセキュリティ対策を講ずること。
五　当該時刻認証業務に係る設備を含む建築物に，震災，風水害，落雷，火災その他これらに類する災害の被害を容易に受けないようにするための措置を講ずるとともに，十分な防犯対策を講ずること。
六　認定業務を利用して自らタイムスタンプを付与する者（以下「利用者」という。）及びタイムスタンプが付与された電子データを有し，かつ当該タイムスタンプの改ざん等に関する検証を行う者（以下「検証者」という。）に対し，電子データ及びそれに付されたタイムスタンプの改ざん等に関する検証を適切に行うに当たり必要な情報を提供すること。
七　当該時刻認証業務を継続的に安定して遂行するに足りる経理的基礎及び技術的能力その他の能力を有すること。
八　当該時刻認証業務を行う者が，次のいずれにも該当しない者であること。
　イ　禁錮以上の刑（これに相当する外国の法令による刑を含む。）に処せられ，その執行を終わり，又は執行を受けることがなくなった日から２年を経過しない者
　ロ　第９条第１項の規定により認定を取り消され，その取消しの日から１年を経過しない者
　ハ　法人であって，その業務を行う役員のうちにイ又はロのいずれかに該当する者があるもの
九　利用者及び検証者に，必要に応じて当該時刻認証業務に関連する情報を提供すること。
十　その他確実かつ安定的にタイムスタンプを発行するために必要な措置を講ずること。

2　前項の規定による認定（以下単に「認定」という。）は，認定を受けようとする者の，認定及び次項の調査等の申請により行う。なお，申請時には第６条に規定する規程を総務大臣に提出しなければならない。

3　総務大臣は，認定のための審査に当たっては，申請に係る業務の実施に係る

体制について実地の調査等を行うものとする。ただし，調査等の一部については，総務大臣においてその内容が当該調査等に相当すると認めた他の認定又は認証をもって当該調査等に代えることができるものとする。

4　総務大臣は，認定をしたときは，その旨を速やかに公示する。

5　認定を受けた者（以下「認定事業者」という。）は，認定業務について，認定業務であることが分かりやすい表示を行わなければならない。

6　認定事業者は，自らが営む認定業務以外の時刻認証業務について，認定業務である旨の表示又は認定業務であると誤解を招くおそれのある紛らわしい表示を行ってはならない。

（以下略）

（出典）https://www.soumu.go.jp/main_content/000742664.pdf

電子委任状の普及を促進するための基本的な指針（抜粋）

平成29年総務省・経済産業省告示第３号
最終改正：令和３年８月27日総務省・経済産業省告示第６号

第３　電子委任状に記録される情報の記録方法の標準その他電子委任状の信頼性の確保及び利便性の向上のための施策に関する基本的な事項

１　電子委任状に記録される情報の記録方法の標準

一　電子委任状は，次の事項を記録するものとする。

⑴　委任者に係る事項

⑵　受任者に係る事項

⑶　代理権，代理権の制限，委任期間その他の委任内容に係る事項

⑷　その他委任者又は電子委任状取扱事業者（電子委任状取扱業務を営む者をいう。以下同じ。）が必要と認める事項

二　電子委任状の記録方法は，次のいずれかの方式とする。

⑴　委任者が，電子委任状に記録すべき事項を記録した電磁的記録を自ら作成する方式（以下「委任者記録ファイル方式」という。）

⑵　電子委任状取扱事業者が，委任者の委託を受けて，電子委任状に記録すべき事項を受任者の利用する電子証明書（受任者が電子署名を行ったものであることを確認するために用いられる事項が当該受任者に係るものであることを証明するために作成する電磁的記録をいう。以下同じ。）に記録する方式（以下「電子証明書方式」という。）

⑶　電子委任状取扱事業者が，委任者の委託を受けて，電子委任状に記録すべき事項を受任者の利用する電子証明書とは別の電磁的記録に記録する方式（以下「取扱事業者記録ファイル方式」という。）

三　電子証明書方式においては，電子委任状に記録すべき事項を電子証明書（国際電気通信連合条約に基づく勧告に準拠したものに限る。）に別表第１の項目に従って記録することとする。

四　委任者記録ファイル方式及び取扱事業者記録ファイル方式においては，電子委任状に記録すべき事項をXMLファイル又はPDFファイルに記録することとし，XMLファイルに記録する場合は，別表第２の項目に従って記録す

ることとする。

2　電子委任状の信頼性の確保及び利便性の向上のための基本的な措置

一　委任者記録ファイル方式においては，委任者が，電子委任状に電子署名（電子署名及び認証業務に関する法律（平成12年法律第102号。以下「電子署名法」という。）第２条第１項に規定する電子署名をいう。以下同じ。）を行うものとする。この場合において，委任者が行う電子署名は，次のいずれかでなければならない。

⑴　電子署名法第８条に規定する認定認証事業者又は電子署名法第15条第２項に規定する認定外国認証事業者によりその認定に係る業務として電子署名法第２条第２項の規定による証明が行われるもの

⑵　商業登記法（昭和38年法律第125号）第12条の２第１項及び第３項の規定により証明されるもの

⑶　公的個人認証法第３条第６項の規定に基づき地方公共団体情報システム機構が発行した署名用電子証明書により証明されるもの

二　電子証明書方式又は取扱事業者記録ファイル方式においては，電子委任状取扱事業者が，電子委任状に電子署名を行うものとする。この場合において，電子委任状取扱事業者が行う電子署名は，電子署名及び認証業務に関する法律施行規則（平成13年総務省・法務省・経済産業省令第２号）第２条に定める基準に該当するものでなければならない。

別表１

項目		記載項目	記載要否
委任者	法人の代表者の場合	国税庁が指定する法人番号	必須
		法人の商業登記における法人名称	必須※１
		法人の商業登記における本店所在地	必須※１
		法人の代表者の肩書き	任意※２
		法人の代表者名	任意※２
	個人事業主の場合	屋号	任意
		自然人の氏名	必須
		自然人の住所	必須
		自然人の生年月日	任意

受任者	受任者の識別名（氏名等）	必須
	受任者の役職・肩書	必須※3
	受任者の所在地	任意
	受任者検証符号 (受任者の意思や行為が検証できる電磁記録)	必須
	受任者検証符号のアルゴリズム名	必須
代理権	対象電子委任状を一意に示すID	必須
	代理権の内容	必須※3
	代理権の制限 (行為先の特定等，補足が必要な場合に確認・記録)	任意
	委任期間	必須
電子委任状取扱事業者	事業者の電子委任状取扱サービスの名称	必須
	ポリシを記載している場所（URL）	必須
	事業者の電子署名アルゴリズム	必須
	失効情報の問合せ先（CRLDP等）	必須

※1　電子証明書におけるこれらの記載はその利用者（受任者）に関する情報であるが，電子委任状取扱事業の場合であって，委任者及び受任者が同一組織に属す場合には，これらの記載を委任者の情報として扱うものとする。

※2　電子委任状取扱事業者が，代表者の本人確認等を行った上で，受任者の電子証明書を発行している旨をCP/CPS等に記載すること。

※3　受任者の役職・肩書又は代理権の内容のいずれかが記載されている場合には，もう一方の記載は任意とする。なお，電子委任状取扱事業者が，受任者の代理権の内容の確認を行った上で，電子委任状を受け取った者が，当該受任者の代理権の内容を特定できる場合には，受任者の役職・肩書及び代理権の内容の電子証明書への記載要否はいずれも任意とする。

別表2

項目		記載項目	記載要否
委任者	委任者の属性	法人／個人事業主の別	必須
	法人の代表者の場合	国税庁が指定する法人番号	必須
		法人の商業登記における法人名称	必須
		法人の商業登記における本店所在地	必須
		法人の代表者名	任意

	個人事業主の場合	屋号	任意
		自然人の氏名	必須
		自然人の住所	必須
		自然人の生年月日	任意
受任者		受任者の識別名（氏名等）	必須
		受任者の役職・肩書	必須
		受任者の所在地（本社所在地と異なる場合に記載）	任意
		受任者の識別子	必須
代理権		対象電子委任状を一意に示すID※	必須
		代理権の内容	必須
		代理権の制限（行為先の特定等，補足が必要な場合に確認・記録）	任意
		委任期間	必須
電子委任状取扱事業者		事業者の電子委任状取扱サービスの名称※	必須
		ポリシを記載している場所（URL）※	必須
		失効情報の問合せ先（CRLDP等）※	必須

※委任者記録ファイル方式の場合には，委任者は当該項目を記載する必要はない。

（出典）https://www.meti.go.jp/policy/it_policy/dennshiininzyo/kihonntekinashishin.pdf

建設業法施行規則第13条の２第２項に規定する「技術的基準」に係るガイドライン

平成13年３月30日
国土交通省総合政策局建設業課

１．はじめに

国土交通省では，適切な電子商取引の普及を通じて，建設産業の健全な発達を確保するため，平成12年に成立した書面の交付等に関する情報通信の技術の利用のための関係法律の整備に関する法律（平成12年法律第126号）において，建設業法（昭和24年法律第100号）を改正し，書面の交付，書面による手続等が義務付けられている規定について，一定の技術的要件の下に情報通信技術の利用による代替措置を認めることとしたところである（平成13年４月１日施行）。

今般，契約当事者間の紛争を防止する等安全な電子商取引を促進する観点から，自己責任の下に情報通信の技術の利用により建設工事の請負契約を締結しようとする者の参考として，同法施行規則（以下「規則」という。）第13条の２第２項（建設業法施行規則等の一部を改正する省令（平成13年国土交通省令第42号）により追加）に規定する「技術的基準」に係るガイドラインを定めることとする。

２．見読性の確保について（規則第13条の２第２項第１号関係）

情報通信の技術を利用した方法により締結された建設工事の請負契約に係る建設業法第19条第１項に掲げる事項又は請負契約の内容で同項に掲げる事項に該当するものの変更の内容（以下「契約事項等」という。）の電磁的記録そのものは見読不可能であるので，当該記録をディスプレイ，書面等に速やかかつ整然と表示できるようにシステムを整備しておくことが必要である。

また，電磁的記録の特長を活かし，関連する記録を迅速に取り出せるよう，適切な検索機能を備えておくことが望ましい。

３．原本性の確保について（規則第13条の２第２項第２号関係）

建設工事の請負契約は，一般的に契約金額が大きく，契約期間も長期にわたる等の特徴があり，契約当事者間の紛争を防止する観点からも，契約事項等を記録した電磁的記録の原本性確保が重要である。このため，情報通信技術を利用した方法を用いて契約を締結する場合には，以下に掲げる措置又はこれと同等の効力を有すると認められる措置を講じることにより，契約事項等の電磁的記録の原本性を確保する必要がある。

⑴　公開鍵暗号方式による電子署名

情報通信の技術を利用した方法により行われる契約は，当事者が対面して書面により行う契約と比べ，契約事項等が改ざんされてもその痕跡が残らないなどの問題があり，有効な対応策を講じておく必要がある。

このため，情報通信の技術を利用した方法により契約を締結しようとする場合には，契約事項等を記録した電磁的記録そのものに加え，当該記録を十分な強度を有する暗号技術により暗号化したもの及びこの暗号文を復号するために必要となる公開鍵を添付して相手方に送信する，いわゆる公開鍵暗号方式を採用する必要がある。

⑵　電子的な証明書の添付

⑴の公開鍵暗号方式を採用した場合，添付された公開鍵が真に契約をしようとしている相手方のものであるのか，他人がその者になりすましていないかという確認を行う必要がある。

このため，⑴の措置に加え，当該公開鍵が間違いなく送付した者のものであることを示す信頼される第三者機関が発行する電子的な証明書を添付して相手方に送信する必要がある。この場合の信頼される第三者機関とは，電子認証事務を取り扱う登記所，電子署名及び認証業務に関する法律（平成12年法律第102号）第４条に規定する特定認証機関等が該当するものと考えられる。

⑶　電磁的記録等の保存

建設業を営む者が適切な経営を行っていくためには，自ら締結した請負契約の内容を適切に整理・保存して，建設工事の進行管理を行っていくことが重要であり，情報通信の技術を利用した方法により締結された契約であってもその契約事項等の電磁的記録等を適切に保存しておく必要がある。

その際，保管されている電磁的記録が改ざんされていないことを自ら証明できるシステムを整備しておく必要がある。また，必要に応じて，信頼される第三者機関において当該記録に関する記録を保管し，原本性の証明を受けられるような措置を講じておくことも有効であると考えられる。

（出典）https://www.mlit.go.jp/pubcom/01/kekka/pubcomk06/pubcomk06-1_.html

〈著者紹介〉
宮内　宏（みやうち　ひろし）
1983年　東京大学工学部電子工学科卒業
1985年　東京大学工学系大学院電子工学専門課程（修士課程）修了
1985年　日本電気株式会社入社。同社中央研究所にて，コンピュータアニメーション，人工知能，情報セキュリティ等の研究活動に従事
2007年　東京大学大学院法学政治学研究科法曹養成専攻（法科大学院）卒業
2008年　法曹資格取得。第二東京弁護士会に弁護士登録
2011年　宮内宏法律事務所（現 宮内・水町IT法律事務所）設立 現在に至る。
2017年より長崎県立大学非常勤講師，2018年より法政大学非常勤講師

所属委員会等
デジタル庁 トラストを確保したDX推進サブワーキンググループ
東京都情報公開・個人情報保護運営審議会
八王子市情報公開・個人情報保護運営審議会
他多数

Q&A電子契約入門

2022年８月１日　第１版第１刷発行
2023年７月20日　第１版第２刷発行

著　者　宮　内　宏
発行者　山　本　継
発行所　㈱ 中 央 経 済 社
発売元　㈱中央経済グループパブリッシング
〒101-0051　東京都千代田区神田神保町１-35
電話　03（3293）3371（編集代表）
03（3293）3381（営業代表）
https://www.chuokeizai.co.jp
印刷／㈱ 堀 内 印 刷 所
製本／㈲ 井 上 製 本 所

ISBN978-4-502-43381-8　C3034